【岩手大会決勝】盛岡三―花巻東　9回表盛岡三1死、駒井優樹がヘッドスライディングで内野安打とし、意地を見せる。一塁手佐々木麟太郎＝7月26日、きたぎんボールパーク

目次 Contents

［表記について］
- 本書は岩手日報に掲載された記事・写真を再構成したものです。
- 選手の氏名は原則、新字体で表記しています。

第105回全国高校野球選手権

甲子園8強

兵庫県西宮市の甲子園球場で、8月6日に開幕した第105回全国高校野球選手権大会。本県代表の花巻東（4年ぶり11度目）は17日の3回戦で智弁学園（奈良、2年ぶり21度目）を5—2で破り、10年ぶりの8強に進出した。ベスト8には花巻東のほか、八戸学院光星（青森、2年連続12度目）、仙台育英（宮城、2年連続30度目）と東北勢3校が大会史上初めて勝ち残った。

19日の準々決勝では、昨夏の甲子園覇者・仙台育英と激突。2013年の第95回大会以来となる4強を目指したが、4—9で敗れた。

花巻東は大会第3日の8日に登場。宇部鴻城（山口、4年ぶり3度目）を下して初戦を突破。13日の2回戦はクラーク（北北海道、7年ぶり2度目）に2—1で競り勝ち、8年ぶりの16強入りを決めた。

花巻東の夏の甲子園通算成績は13勝11敗、県勢は通算45勝1分け80敗となった。

花巻東の戦績

準々決勝

仙台育英 **9-4** 花巻東

3回戦

花巻東 **5-2** 智弁学園

2回戦

花巻東 **2-1** クラーク

1回戦

花巻東 **4-1** 宇部鴻城

花巻東

「麟太郎に回せー」
猛追5安打4点

９回裏花巻東２死一塁、左前打を放った熊谷陸。次打者佐々木麟太郎につなぐ

９回裏、怒濤の攻撃を見せた花巻東打線。（上から）５番千葉柚樹が中前打で無死一、二塁と好機を広げ、広内駿汰の左前適時打で１点をかえす。さらに堀川琉空の右前適時打で２―９とする。簗田蒼汰は２死二塁から４点目を奪う中前適時打を放ち、笑顔を見せた（広内と堀川の写真は共同通信社提供）

2023 第105回夏の甲子園

準々決勝

（8月19日、観客23,000人）

【評】花巻東は0―9で追う九回に5安打を集めて4点をかえす執念を見せた。四球と千葉の中前打で無死一、二塁と攻め、広内の左前打と堀川の右前打、内野ゴロ敵失で3点をかえした。さらに2死から簗田の中前打で4点目を奪い、最後まで粘り抜いた。

投手陣は先発小松が三回に4失点、主戦北條も四回に4失点。0―8と踏ん張り切れなかった。

仙台育英は七回に尾形が左越えソロを放つなど打線が12安打9得点。投手陣4人の継投で主導権を渡さなかった。北條と同じ大船渡・一中出身の左腕仁田は七回から3番手で登板。最速149キロの直球で押し1回⅔を投げ無失点だった。

【仙台育英】

		打	安	点	振	球	犠	盗	失
⑧	橋本③	4	2	0	1	1	0	1	0
⑥	山田③	3	1	0	0	1	1	0	0
⑤	湯浅②	5	1	1	1	0	0	0	0
⑨	斎藤陽③	5	2	2	0	0	0	0	0
②	尾形③	4	3	3	0	1	0	1	0
2	細田②	0	0	0	0	0	0	0	0
⑦	鈴木②	4	1	3	1	0	0	0	0
7	浜田②	0	0	0	0	1	0	0	0
④	登藤②	3	1	0	0	1	0	0	0
H	斎藤敏③	1	0	0	1	0	0	0	0
4	浅面③	0	0	0	0	0	0	0	1
①	湯田③	2	0	0	1	0	0	0	0
H	下山③	1	0	0	0	0	0	0	0
1	武藤②	0	0	0	0	0	0	0	0
H	伊藤③	1	0	0	1	0	0	0	0
1	仁田③	0	0	0	0	0	0	0	0
1	田中③	0	0	0	0	0	0	0	0
③	住石③	4	1	0	1	0	0	0	0
	計	37	12	9	7	5	1	2	1

【花巻東】

			打	安	点	振	球	犠	盗	失
⑨	久慈③	(久慈)	3	0	0	2	1	0	0	0
9	簗田②	(長内)	1	1	1	0	0	0	0	0
⑥	熊谷③	(和賀西)	3	1	0	1	2	0	0	0
③	佐々木麟③	(江釣子)	4	0	0	2	1	0	0	0
⑦171	北條③	(大船渡・一)	3	0	0	2	1	0	0	1
④	千葉③	(水沢南)	3	2	0	0	1	0	0	0
⑧	広内③	(見前)	4	1	1	1	0	0	0	0
⑤	晴山③	(久慈)	2	1	0	0	0	0	0	0
5	堀川③	(生保内)	2	1	1	0	0	0	0	0
①	小松②	(崎山)	0	0	0	0	0	0	0	0
H	今野③	(盛岡・河南)	1	0	0	1	0	0	0	0
7	中嶋③	(花巻北)	0	0	0	0	0	0	0	0
1	葛西②	(川崎)	1	0	0	1	0	0	0	0
H	佐藤③	(下川沿)	0	0	0	0	1	0	0	0
R	佐々木唯③	(水沢)	0	0	0	0	0	0	0	0
1	中屋敷③	(長内)	0	0	0	0	0	0	0	0
1	阿部③	(滝沢)	0	0	0	0	0	0	0	0
7	五嶋③	(胆沢)	0	0	0	0	0	0	0	0
H	寿時③	(磐井)	1	0	1	0	0	0	0	0
②	小林③	(上田)	4	0	0	1	0	0	0	0
	計		32	7	4	11	7	0	0	1

▽二塁打　橋本＝1回、尾形＝3回、山田＝6回
▽残塁　仙7花8
▽併殺　仙2（山田―登藤―住石）広内＝7回
（湯浅―登藤―住石）小林＝8回
花0
▽捕逸　小林＝3回
▽暴投　田中＝9回
▽審判（球）北田、山口、山本昌、山下、大上、四方
▽試合時間　2時間39分

投手	回	打	投	安	振	球	失	責
湯田	4	13	51	1	8	0	0	0
武藤	2	9	44	1	2	2	0	0
仁田	1⅔	7	29	0	0	4	0	0
田中	1⅓	10	33	5	1	1	4	3
小松	3	17	67	6	2	2	4	4
北條	1	8	26	3	0	1	4	2
葛西	4	13	43	3	4	0	1	1
中屋敷	⅔	2	10	0	0	0	0	0
阿部	0/3	2	9	0	0	2	0	0
北條	⅓	1	4	0	1	0	0	0

※名前の後ろの①②③は学年

東北対決 執念の最終回

仙台育英（宮城）	004400100	9
花巻東	000000004	4

≪16時13分開始、18時52分終了、18時12分点灯≫

仙台育英―花巻東　9回裏花巻東2死二、三塁、佐々木麟太郎が二ゴロで一塁にヘッドスライディングするが、アウトとなり試合終了となった（写真提供：共同通信社）

0―9の九回に執念の追い上げを見せた。土壇場で5安打を集めて一挙4点をもぎ取った。

「このまま終わるのは駄目だ。爪痕を刻み、生きざまを見せろ」。佐々木洋監督の言葉に八回まで2安打だった打線が燃えた。

「麟太郎に回せ」。九回先頭の4番北條慎治（3年）が四球出塁し、5番千葉柚樹主将（3年）が中前打を放ち無死一、二塁。続く6番広内駿汰（3年）が「意地でも点を取る。絶対につないでやる」と気合を込めて振り抜いた打球は三遊間を抜け、ついに1点をかえした。

勢いは止まらない。堀川琉空（3年）の右前打で2点目。涙を流しながら本塁へ生還した二走千葉主将は「これまでつらかったことを考えたら、うれしくて涙が止まらなかった」と振り返った。敵失で1点を追加し、2死二塁から途中出場の簗田蒼汰（2年）が中前適時打を放って4点目を奪った。

「麟太郎まであと1人」。球場全体が

年）は2ストライクに追い込まれながら、しぶとく三遊間を抜いた。

この回9人目の打者にチームの思いは託された。3番佐々木麟太郎（3年）が打席に向かうと、球場のボルテージは最高潮。この状況を楽しむかのような笑顔を見せ、フルスイングを貫いた。カウント2―2からの5球目、右前に抜けそうな打球だったが、二塁手が好捕。執念のヘッドスライディングも届かず試合終了。背番号3は「最終回が始まったときからヘルメットをかぶって準備していた。みんなの思いを背負って打席に立ったときは涙がこぼれそうだった。本当に感謝しかない」と語った。

最終回の猛攻こそ目指した「理想の打線」だった。千葉主将は「昨秋、新チームが始まった時には考えられないほどの結果だ。最後の最後まで成長し続けられた」と力強く語った。

ベンチ入り20人全員が出場し、総力戦で挑んだ東北勢対決。本県代表として胸を張れるベスト8だった。

奇策で強打封じ 智弁学園破る

花巻東―智弁学園
強力打線相手に9回途中2失点と好投した花巻東の葛西陸

急造左横手投げ 先発葛西が躍動

花巻東の2年生左腕・葛西陸が打たせて取る粘りの投球で8回1/3を投げ、被安打10、2失点に抑えた。試合前日に横手投げにフォームを変更した奇策が見事にはまり、強力打線を手玉に取った。

右打者へは角度のついた内角直球とチェンジアップを有効に活用。左打者にはカーブでタイミングを外し、直球で詰まらせるなど飛球とライナーで19個のアウトを奪い翻弄した。

ぶっつけ本番の投球でも、制球良く投げ切った。佐々木洋監督は「（智弁学園は）今まで見たことのないくらいの打線のチーム。右上手では何点取られるか分からない。左腕葛西の腕を下ろして角度でかわしたかった」と起用理由について語った。葛西は「相手打線を怖がらず、自信を持って投げられた。腕を下げたことで変化球の切れも良くなった。これからもこの投げ方は続けていきたい」と自信たっぷりに話した。

葛西は5―2の九回に2死球を与えて1死一、二塁で降板。3試合連続で「最後」を任された2番手中屋敷祐介（3年）が完璧な投球で締めた。最初の打者を投ゴロ、次打者を一ゴロに打ち取り、ゲームセット。ピンチに全く動じない頼もしいマウンドだった。

バックも右翼手久慈颯大（3年）や中堅手広内駿汰（3年）が難しい打球をダイビングキャッチするなど好プレーでピンチを救った。フェンス際まで運ばれた打球も、深く守った外野手が何度もキャッチ。「データ班」の分析もことごとく的中した。

2回裏智弁学園1死、6番知花琉綺亜の邪飛を右翼手久慈颯大が好捕する

2023 第105回夏の甲子園

3回戦

（8月17日、観客33,000人）

花巻東	201101000	5
智弁学園（奈良）	010001000	2

≪10時39分開始、13時８分終了≫

【評】花巻東が16安打で小刻みに加点し快勝した。初回１死満塁から千葉の左越え２点二塁打で先制。三回に千葉の左中間二塁打、四回は敵失絡みで１点ずつ加えた。六回は佐々木麟の中前打で５点目を奪った。

左腕葛西は10安打されながら８回⅓を投げ２失点と好投。中屋敷が九回１死一、二塁のピンチをしのいだ。無失策で、外野手の好捕など堅守が光った。

【花巻東】

				打	安	点	振	球	犠	盗	失
⑨	久慈	[3]	（久慈）	5	2	0	0	0	0	0	0
⑥	熊谷	[3]	（和賀西）	5	1	0	2	0	0	0	0
③	佐々木麟	[3]	（江釣子）	5	3	1	2	0	0	0	0
⑦	北條	[3]	（大船渡・一）	4	3	0	0	1	0	0	0
④	千葉	[3]	（水沢南）	5	4	3	0	0	0	1	0
⑧	広内	[3]	（見前）	5	1	0	2	0	0	1	0
⑤	堀川	[3]	（生保内）	4	0	0	2	0	0	0	0
5	晴山	[3]	（久慈）	1	0	0	1	0	0	0	0
①	葛西	[2]	（川崎）	4	1	0	1	0	0	0	0
1	中屋敷	[3]	（長内）	0	0	0	0	0	0	0	0
②	小林	[3]	（上田）	3	1	0	1	1	0	0	0
	計			41	16	4	11	2	0	2	0

【智弁学園】

			打	安	点	振	球	犠	盗	失
⑨	松本	[3]	4	1	0	0	1	0	0	0
⑧	山家	[3]	4	0	0	0	0	1	0	0
⑥1	中山	[3]	5	2	0	0	0	0	0	1
④	山崎	[3]	4	0	0	0	0	0	0	0
③	池下	[3]	4	1	0	0	0	0	0	1
⑤	知花	[2]	4	1	0	0	0	0	0	0
⑦	川原崎	[3]	4	2	1	0	0	0	1	0
②	高良	[3]	3	2	1	0	1	0	0	0
①	藤田	[3]	0	0	0	0	0	0	0	0
H	砥出	[3]	1	1	0	0	0	0	0	0
1	田中	[1]	0	0	0	0	0	0	0	0
H	高橋	[2]	1	0	0	0	0	0	0	0
1	楢林	[1]	0	0	0	0	0	0	0	0
H	谷口	[3]	1	0	0	0	0	0	0	0
6	西川	[2]	1	0	0	1	0	0	0	0
	計		36	10	2	1	2	1	1	2

▽二塁打　千葉２＝１回、３回
　北條２＝５回、７回
▽残塁　花11智10
▽併殺　花０
　智１（西川―山崎―池下）熊谷＝８回
▽暴投　葛西＝３回
▽審判（球）野口、中西、高田、山下
▽試合時間　２時間29分

投手	回	打	投	安	振	球	失	責
葛西	8⅓	37	121	10	1	2	2	2
中屋敷	⅔	2	11	0	0	0	0	0
藤田	2	10	41	3	2	1	2	2
田中	2	10	33	2	3	1	2	0
楢林	2	10	34	5	3	0	1	1
中山	3	13	44	6	3	0	0	0

※名前の後ろの[1][2][3]は学年

１回表花巻東１死満塁、左越え２点二塁打を放った千葉柚樹主将。この試合４安打３打点と打線をけん引した

中軸打線けん引
16安打で主導権

花巻東は中軸の長打など計16安打を放ち、強豪・智弁学園に打ち勝った。

序盤の攻勢で流れをつかんだ。初回、先頭の久慈颯大（3年）が「自分の1打席目が試合の流れを大きく左右する。絶対に出塁したかった」と中前打で出塁。3番佐々木麟太郎（3年）は左前打、4番北條慎治（3年）は四球で続き、1死満塁と攻め立てた。打席には頼れるキャプテン千葉柚樹（3年）。カウント2―2からの5球目。内角に沈むように入ってくる球をぎりぎりまで引きつけ、腕をたたんで押し込んだ。捉えた打球は高い弾道で左翼手の頭を越え、先制の2点二塁打となった。三回1死一、二塁でも千葉主将が左中間へ適時二塁打を放ち、長打で得点した。

千葉が主将になったのは今年1月だ。それまでは佐々木麟が務めていた。佐々木麟がけがでチームを離れる可能性があり、佐々木洋監督から「重い荷物を背負わせるようで申し訳ないが、真面目で実直な柚樹に任せたい」と託された。

どうすればチームが結束し、一つになるか。千葉主将が導いた答えは「行動で示すこと」だった。好きな言葉は「貢献こそ活躍」。練習前には道具の準備に率先して動き、守備ではバックアップなども手を抜かずにやり切る。チームが目指す姿を背中で示した。

この日は4安打3打点と勝利に貢献。前を打つ3番佐々木麟、4番北條も3安打で中軸がチームをけん引した。千葉主将は「これが理想の打線。出塁する選手、長打でかえす選手がそれぞれ仕事をして点を取る。ずっと練習してきた成果を出せた」と胸を張った。

中断明け 窮地救う継投

八回、千葉主将が決勝打

【評】花巻東が1―1で迎えた降雨中断後の八回2死一、二塁から5番千葉の勝ち越し左前打で勝負を決めた。試合再開直後の八回1死一、二塁のピンチで登板した3番手の中屋敷が無失点でしのぎ、流れを渡さなかった。

打線は四回に熊谷の一、二塁間を破る二塁打などで1死三塁と攻め、4番北條の三塁強襲打で先制。北條は先発で6回を投げ無失点、被安打4と力投した。

クラーク（北北海道）	000000100	1
花巻東	00010001×	2

≪14時06分開始、18時02分終了、降雨中断1時間34分≫

クラーク―花巻東

（写真左）試合再開後の8回途中から救援し、力投した花巻東の中屋敷祐介

（写真右）7回表クラーク1死一、二塁、左翼手北條慎治がフェンスぎりぎりの大飛球を好捕。先発投手として6回無失点、四回には4番で先制打を放つなど大車輪の活躍だった

花巻東の窮地を救ったのは中屋敷祐介（3年）だった。1―1の八回表1死一、二塁フルカウントで雨が激しくなり中断。1時間34分後に再開となり、しびれるマウンドに上がった。

2番手小松龍一（2年）が招いたピンチだった。佐々木洋監督は「中断で『間』ができて頭を整理できた。自信を持って送り出した小松が空振りを取れていなかった。フルカウントなので四死球の少ない中屋敷に託した」と起用の理由を明かした。

低めに決まったように見えたが、1球目は外れて四球になり1死満塁。それでも背番号18は焦らない。次打者にフルカウントまで粘られるも130キロの外角直球で左飛、続く1番打者をチエンジアップで右飛に仕留めた。

直後の八回裏、先頭の久慈颯大（3年）がセーフティーバントで出塁。4番北條慎治（3年）の四球で2死一、二塁とした。5番千葉柚樹主将（3年）は今大会ここまで6打数無安打。気合十分で強振した初球はファウル。明らかに力が入り過ぎていた。

すかさず指揮官が伝令を送る。「スライダーを狙って、投手の足元に強い打球を打て」。カウント2―2からの5球目。甘く入ったスライダーを左前にはじき返した。二走久慈が全力疾走で本塁へかえり、2―1と勝ち越しに成功した。

九回も中屋敷がマウンドへ。先頭を死球で出したが、3番打者をスライダーで二ゴロ併殺。最後は右飛で勝利をつかみ「今までで一番厳しい状況でのリリーフだったが、守備を信じて投げられた」と会心の25球だった。

【クラーク】

		打安点振球犠盗失
⑦	鈴木②	41000100
⑨	山田②	20003000
①	新岡③	40000100
③	中村③	51000000
②	麻原③	21001100
④	高木③	32000100
⑧	安部③	40000000
⑤	吉田③	20002000
⑥	高橋②	31001000
	計	296007400

【花巻東】

		打安点振球犠盗失
⑨	久慈③（久慈）	41010000
⑥	熊谷③（和賀西）	31011000
③	佐々木麟③（江釣子）	40010000
①7	北條③（大船渡・一）	31101000
④	千葉③（水沢南）	41120000
⑧	広内③（見前）	41010000
⑤	晴山③（久慈）	32000001
⑦	中嶋③（花巻北）	10000000
H	寿時③（磐井）	00000100
7	五嶋③（胆沢）	00000000
1	小松②（崎山）	11000000
1	中屋敷③（長内）	00000000
②	小林③（上田）	30000000
	計	308262101

▽二塁打　熊谷＝4回
▽残塁　ク12花7
▽併殺　ク0
花1（千葉―熊谷―佐々木麟）新岡＝9回
▽暴投　北條＝5回
▽審判（球）前坂、山本飛、谷垣、鈴木、山本昌、井狩
▽試合時間　2時間22分（中断1時間34分）

投手	回	打投安振球失責
新岡	8	33132862222
北條	6	25744030 0
小松	1⅓	10382031 0
中屋敷	1⅔	52500100

※名前の後ろの①②③は学年

1回戦　2023　第105回夏の甲子園
（8月8日、観客9000人）

宇部鴻城（山口）	000000001	1
花　巻　東	00031000×	4

≪８時１分開始、10時14分終了≫

【評】花巻東は中盤の攻勢で主導権を握り、２年生右腕小松の力投で夏１勝をつかんだ。四回は熊谷の内野安打に敵失が絡み無死二塁と攻め、佐々木麟が左翼へ先制打。さらに広内の中前打で２点を加え３―０と畳みかけた。五回は２死一、二塁から４番北條の右中間二塁打で加点した。小松は九回途中まで４安打１失点、10奪三振。葛西、中屋敷と小刻みな継投でしのいだ。

チーム打撃　勝機つかむ

右腕小松、緩急巧み10K

宇部鴻城―花巻東
（写真右）４回裏花巻東無死二塁、左前先制打を放つ佐々木麟太郎
（写真左）９回途中まで１失点、10奪三振と好投した花巻東の小松龍一

花巻東は四回に3得点し、流れをがっちり引き寄せた。2番熊谷陸（3年）の内野安打に敵失が絡んで無死二塁とし、3番佐々木麟太郎（3年）の強烈な左前打で先制。この日単打3本を放った背番号3は「自分の打撃スタイルはセンター返し。チームが勝つことだけを考えて打席に入った」と納得の表情だった。さらに1死二、三塁の好機をつくると、広内駿汰（3年）が中前2点打を放ち3―0と突き放した。

五回は佐々木麟の申告敬遠で2死一、二塁。打席を迎えた4番北條慎治（3年）は「（申告敬遠は）予想はしていた。けど、悔しかった。ここで打たないと次の試合も麟太郎は歩かされる」と燃えた。3球目を迷わず強振し、右中間適時二塁打でリードを広げた。

宇部鴻城の主戦浅田真樹（3年）は、山口大会で22回1失点の安定感を誇る。右横手はプレートの三塁側から投げて角度をつけようとするが、浅田は一塁側のぎりぎりを使う。佐々木洋監督は試合前に「左打者にも右打者にもチェンジアップやシンカーが多い。左投手だと思って打席に立たせる」と、作戦を語っていた。内外角を広く使った投球術に序盤苦しむも、打線は対策通りに変化球を追いかけることなく、甘く入った直球を捉えて逆方向へはじき返した。

投げては右腕小松龍一（2年）は、九回途中まで4安打1失点。フォークやスライダーなど切れ味鋭い変化球と直球の緩急で10三振を奪った。葛西陸（2年）と中屋敷祐介（3年）の継投で、九回無死一、二塁から最少失点で相手の反撃を断った。

【宇部鴻城】

		学年	打	安	点	振	球	犠	盗	失
⑥	大　川	[3]	3	0	0	2	1	0	0	0
④	原　口	[2]	3	0	0	2	0	0	0	0
H	大　坪	[3]	0	0	0	0	1	0	0	0
⑨	笹　木	[3]	4	1	0	1	0	0	0	0
⑦1	吉　村	[3]	3	0	0	3	1	0	0	0
③	小　林	[3]	4	2	1	1	0	0	0	0
②	岡本　壮	[3]	3	0	0	0	1	0	0	0
⑤	有　川	[2]	2	0	0	2	0	0	0	1
H	岡　崎	[3]	1	1	0	0	0	0	0	0
R	小　畑	[3]	0	0	0	0	0	0	0	0
5	谷　口	[3]	1	0	0	0	0	0	0	0
⑧	高　本	[3]	1	0	0	0	0	0	0	0
H87	岡本　翔	[3]	2	1	0	0	0	0	0	0
①	浅　田	[3]	1	0	0	0	0	0	0	0
1	松　成	[2]	1	0	0	0	0	0	0	0
H	中　原	[3]	1	0	0	0	0	0	0	0
1	山　口	[3]	0	0	0	0	0	0	0	0
8	森　岡	[2]	0	0	0	0	0	0	0	0
	計		30	5	1	11	4	0	0	1

【花巻東】

		学年	出身	打	安	点	振	球	犠	盗	失
⑨	久　慈	[3]	（久　慈）	3	0	0	0	0	1	0	0
⑥	熊　谷	[3]	（和賀西）	4	2	0	0	0	0	0	0
③	佐々木麟	[3]	（江釣子）	3	3	1	0	1	0	0	0
⑦	北　條	[3]	（大船渡・一）	4	2	1	1	0	0	0	0
④	千　葉	[3]	（水沢南）	3	0	0	0	1	0	0	0
⑧	広　内	[3]	（見　前）	4	1	2	0	0	0	0	0
⑤	晴　山	[3]	（久　慈）	4	1	0	2	0	0	0	0
①	小　松	[2]	（崎　山）	4	0	0	2	0	0	0	0
1	葛　西	[2]	（川　崎）	0	0	0	0	0	0	0	0
1	中屋敷	[3]	（長　内）	0	0	0	0	0	0	0	0
②	小　林	[3]	（上　田）	3	1	0	0	0	0	0	0
	計			32	10	4	5	2	1	0	0

▽二塁打　北條＝５回
▽残塁　鴻６花７
▽併殺　鴻１（吉村―谷口）＝８回
　花１（晴山―千葉―佐々木麟）
　岡本壮＝５回
▽審判（球）小林、中西、川上、山下
▽試合時間　２時間13分

投手	回	打	投	安	振	球	失	責
浅田	4⅔	22	75	7	2	1	4	3
松成	2⅓	9	33	2	3	0	0	0
山口	⅓	3	15	1	0	1	0	0
吉村	⅔	1	1	0	0	0	0	0
小松	8⅔	30	118	4	10	4	1	1
葛西	⅓	2	9	1	1	0	0	0
中屋敷	⅔	2	3	0	0	0	0	0

※名前の後ろの[1][2][3]は学年

【花巻東高野球部小史】

私立の谷村学院と富士短大付花巻（前・花巻商）の統合により、1982年に花巻東となった。野球部は花巻商時代の1956年に創部。甲子園にはこれまで春4度、夏10度出場し、通算16勝14敗。最高成績は2009年の春準優勝で夏は2009年、2013年に４強入りした。主なOBは米大リーグ・ブルージェイズの菊池雄星、エンゼルスの大谷翔平。女子硬式野球のほかソフトボール、陸上、サッカーなど部活動が盛ん。花巻市松園町55の1。

第105回全国選手権記念岩手大会

花巻東 4年ぶり夏王者

第105回全国高校野球選手権記念岩手大会（7月7日～26日）は、花巻東が4年ぶり11度目の優勝を果たし、出場56チームの頂点に立った。

決勝は盛岡市のきたぎんボールパークで行われ、第1シードの花巻東と、第3シードから34年ぶり3度目の甲子園を目指す盛岡三が激突。花巻東は初回無死から北條慎治（3年）の右前2点打などで3点、二回にも熊谷陸（3年）の2点二塁打などで3点を加えて序盤から主導権を握った。四、五回にも加点し10―0と突き放した。小松龍一（2年）が17奪三振で完封した。新球場で迎えた最初の夏の栄冠を勝ち取り、2022年秋から3季連続で県大会を制した。

盛岡三は、準決勝まで4試合で1失点と安定していた投手陣が踏ん張れず、打線も散発3安打と攻めあぐねた。1994年の盛岡四以来となる公立校29年ぶりの甲子園切符には届かなかった。

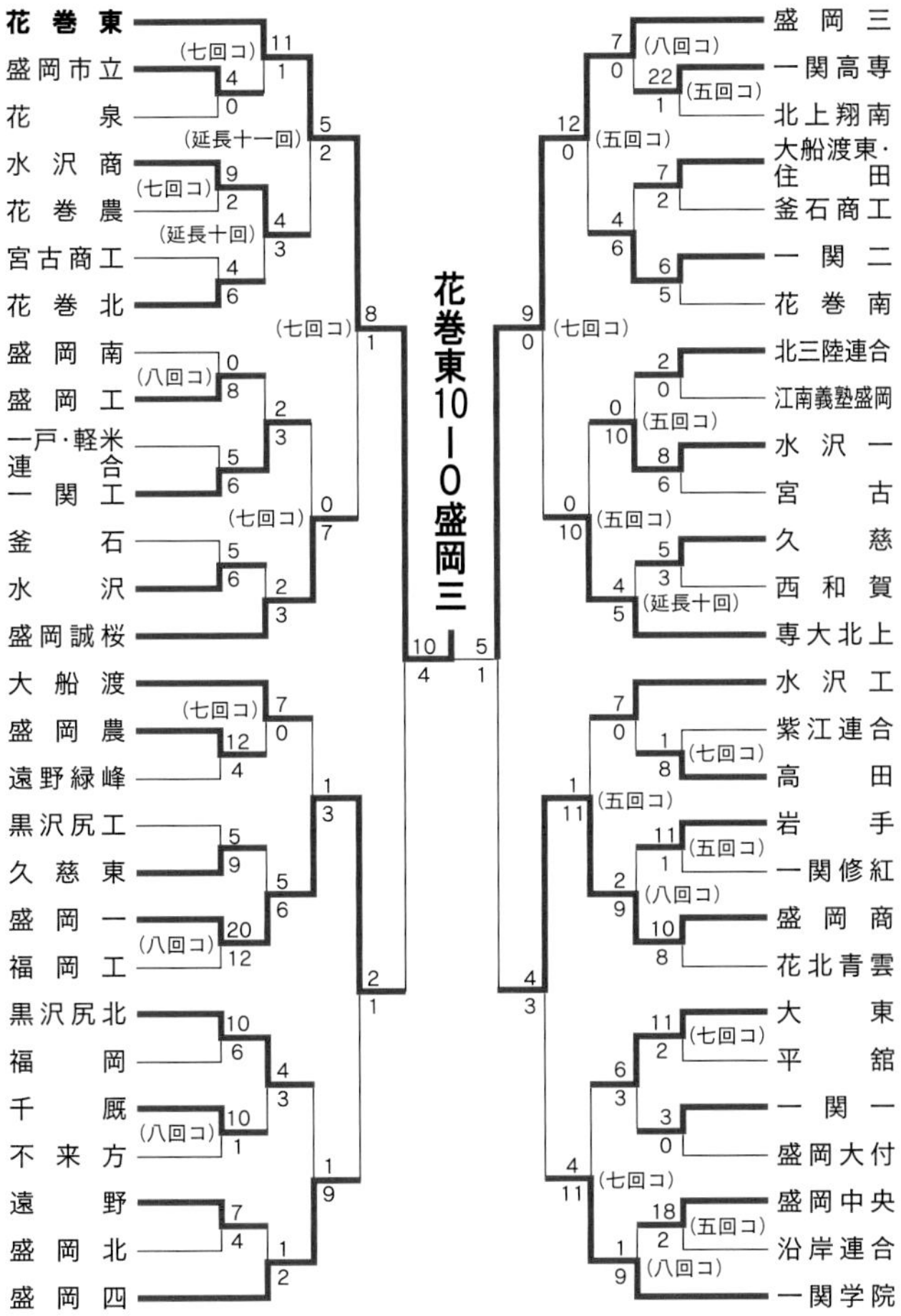

4年ぶり11度目の優勝を果たし、マウンドに集まって喜ぶ花巻東の選手＝7月26日、きたぎんボールパーク

第105回記念岩手大会 ハイライト

１回裏花巻東１死一、三塁、広内駿汰が左翼へ適時打を放ち、３―０とする。捕手田村悠人、球審里見＝７月26日、きたぎんボールパーク

長打生かし序盤に6得点

花巻東は機動力野球に、長打を狙う新たな攻撃スタイルを融合。二回までに6―0と突き放し、相手の勢いを封じた。佐々木洋監督は「強いチームとは思わないが、負けないチームだ」と4年ぶりの夏の頂点に目を赤くした。

初回が全てだった。研ぎ澄まされた集中力と闘志で相手を圧倒した。1番久慈颯大（3年）が右前打で出塁。送りバントの場面だが、2番熊谷陸（3年）は簡単に送らない。相手投手の力みを見逃さず、バントの構えで揺さぶりストレートの四球で続いた。3番佐々木麟太郎（3年）もボール球に全く反応せず四球出塁。打者3人でバットを2度しか振らず無死満塁の絶好機をつくった。

今大会初めて4番に入った北條慎治（3年）は「相手投手の生命線は外。逆方向へ流すことしか考えていなかった」と右前打を放ち2点を先制。6番広内駿汰（3年）も適時打で続き3―0とした。

二回は長打攻勢。9番小林然（3年）の中越え二塁打と2番熊谷の右中間2点二塁打などで3点。フルスイング一辺倒ではない。無死二塁から、佐々木麟が体勢を崩しながら二ゴロで走者を進めるなど、選手それぞれが状況に応じた打撃で得点につなげた。リードを広げた後もスクイズで1点。勝利への執念を見せつけた。

鍛え上げた心技体。最後は全員の心に火がついた。朝のウオーミングアップから「絶対勝つぞ」「全力を出し切るぞ」と鼓舞する声。千葉柚樹主将（3年）は「試合前から過去最高の雰囲気をつくれた。だから序盤に勝負を決められた」と誇らしげに語った。甲子園切符を渡すわけにはいかない。花巻東のプライドを感じる戦いだった。

料金受取人払郵便

盛岡中央局
承　認

2087

差出有効期限
2025年5月
31日まで
（切手を貼らずに
お出し下さい）

郵　便　は　が　き

0208790

100

（受取人）
盛岡市内丸3－7
岩手日報社
コンテンツ事業部 行

お名前

ご住所　〒

年　齢　　　　歳

・小学生　・中学生　・高校生　・一般（ご職業　　　　）

電　話

※個人情報はご注文の書籍発送や新刊等のご案内以外には使用いたしません。

＊　「岩手日報社の本」愛読者カード　＊

このたびは「岩手日報社の本」をご購入いただきありがとうございます。今後
参考にさせていただきますので、下記の項目にご記入ください。第三者には
示いたしませんので、ご協力をお願いいたします。

書名 ＿＿＿＿＿＿＿＿＿＿＿＿＿＿＿＿＿＿＿＿＿＿＿＿

この本を購入したきっかけを教えてください。

. 店頭で実物を見て（①表紙　②内容　③帯のコピー）
著者のファン　　　　3. 友人・知人から
. 岩手日報の広告・告知記事
書評・紹介記事（新聞・雑誌名　　　　　　　　　　　　）
インターネットのレビュー（サイト名　　　　　　　　　　）
その他（　　　　　　　　　　　　　　　　　　　　　　　）

この本についてのご感想ご意見をお書きください。

感想は小社の広告等に匿名で掲載させていただく場合があります。

にない書籍は、こちらからご購入いただけます。
ラインショップ「岩手日報社の本」　https://books.iwate-np.co.jp/

決勝

花巻東 10-0 盛岡三

花巻東 鮮烈先制攻撃

盛岡三打線を被安打３、17奪三振で
完封した花巻東の２年生投手小松龍一

2年生小松、圧巻17K完封

花巻東の２年生右腕・小松龍一は、17個の三振を奪い盛岡三打線を完封。大舞台で圧巻の投球を披露した。「直球に近い軌道で変化させることだけを考えた」と、鋭く落ちるフォークボールとスライダーを軸に毎回三振を奪い、３安打に封じた。

最速は147キロを誇るが、この日は常時140キロ前後。本来のスピードを欠いたが、だからこそ下半身を使って投げることを意識して丁寧に投げた。佐々木洋監督は「小松のいいピッチングが勝利を呼び込んで打撃にもつながった」とうなずいた。

今大会初の先発登板を前夜に伝えられ「自分が３年生の夏を終わらせるかもしれない。悪いことしか想像できなかった」と不安に駆られた。

ここで頼りになったのが３年生。食事やウオーミングアップ中に「お前が打たれたら仕方ない」「何も心配するな。いつも通り投げろ」と声をかけてもらい、気持ちが晴れた。「先輩たちの言葉で吹っ切れた。後ろには北條（慎治、３年）さんがいる。後のことは気にしないで思いっきり腕を振った」と気迫を前面に出して投げ抜いた。

第105回記念岩手大会

ハイライト 準決勝

３回裏盛岡三１死二、三塁、菊地祐輝の三ゴロ野選で三走村上颯が生還し、１―１とする。捕手竹村陽人＝７月24日、きたぎんボールパーク

盛岡三 5－1 盛岡商

盛岡三 さえる機動力

入学当初から「岩手の歴史を変える」と高め合ってきた盛岡三ナイン。鍛え抜いた機動力で、盛岡商との同地区対決を制した。奪った5点のうち、適時打は1本としたたかに攻撃した。

今大会初失点し、初めて追う展開だったが、好走塁ですぐに追いついた。三回1死二、三塁。三ゴロ野選で三走村上颯（3年）は本塁を突き、捕手のタッチをかわして生還。さらに併殺崩れの間に勝ち越した。

五回は、左中間二塁打の駒井優樹（3年）が、三盗を狙い敵失を誘って3点目。「打撃練習と併せて、走塁も鍛えてきた。自信を持って走れた」と胸を張った。

チームでは「走塁の判断ミスが命取りになる」と、実戦形式の打撃練習で判断力を徹底的に磨いてきた。伊藤崇監督は「苦しい試合だったが粘り強く、じわじわと戦えた」と納得の表情で振り返った。

そつのない攻撃に加え、エース藤枝歳三（2年）は尻上がりに調子を上げた。「高く抜ける球があったので、前に突っ込まないように修正した」と1失点で完投。四回無死満塁で無得点など攻撃の嫌な流れも力投で断ち切った。

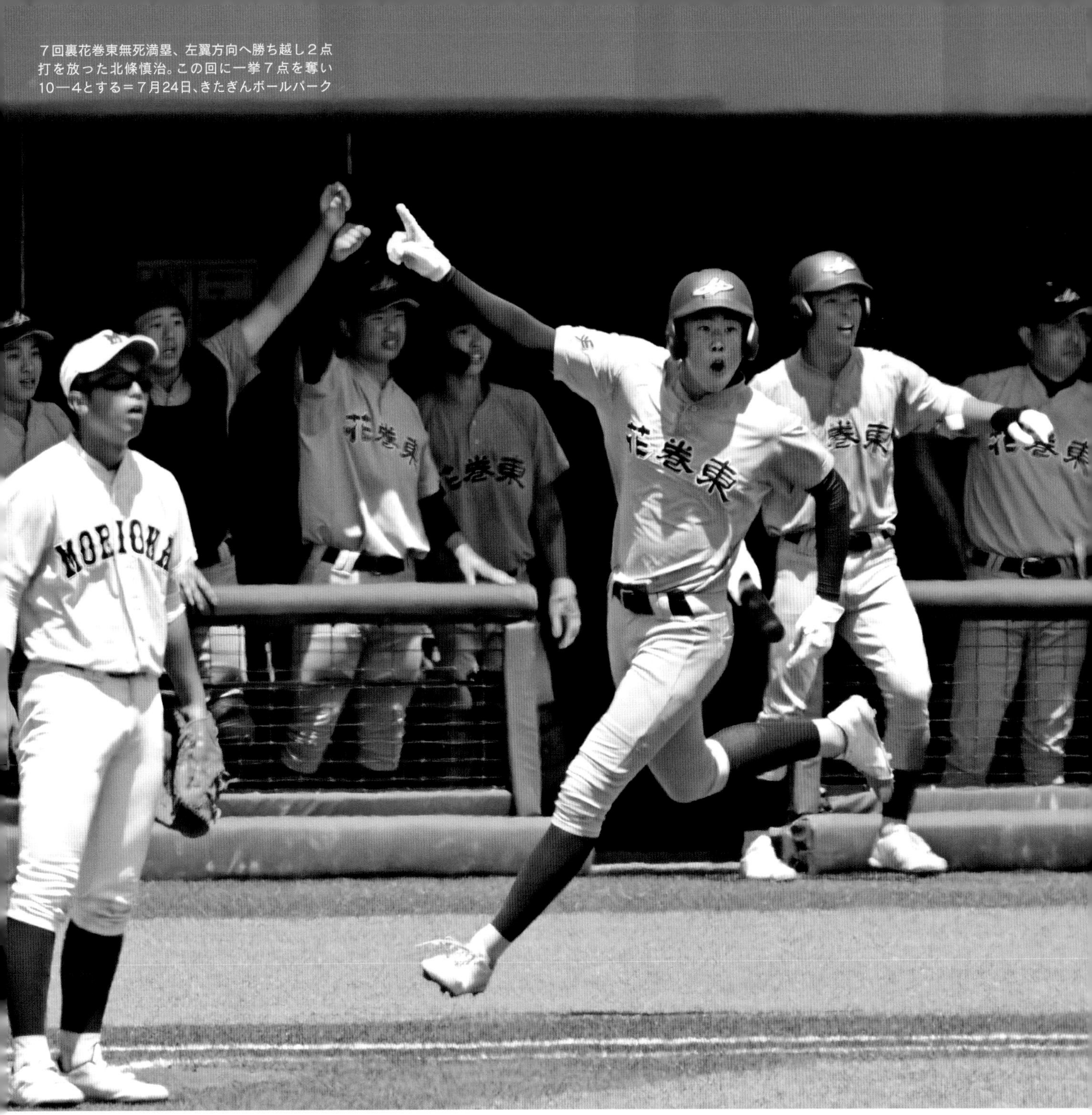

７回裏花巻東無死満塁、左翼方向へ勝ち越し２点打を放った北條慎治。この回に一挙７点を奪い10―4とする＝7月24日、きたぎんボールパーク

花巻東 10－4 盛岡一

花巻東 怒濤の逆転劇

花巻東はリードを許しても冷静さを失わなかった。3―4の七回に長短6安打を集めて7点を奪い逆転。粘る盛岡一を退け、4年ぶりの甲子園に王手をかけた。

怒濤の攻撃だった。連打と敵失で七回無死満塁とし、4番千葉柚樹主将（3年）が詰まりながら右前に落とす執念の一打で同点とした。

「まだまだここからだ」。ベンチから大きな声が飛ぶ。5番北條慎治（3年）が「俺が決める。絶対に打つ」と振り抜いた打球は大きな弧を描き、左翼フェンス直撃。勝ち越しの2点二塁打となり塁上で何度も両手を突き上げて喜んだ。その後も小林然（3年）が適時二塁打を放つなど打者13人の猛攻で劣勢をはね返した。

「終盤の逆転」をイメージした練習を、嫌というほど繰り返してきた。3番佐々木麟太郎（3年）が避けられ、4番千葉主将、5番北條との勝負になる―。実戦形式の打撃練習を積み重ね、逆境をはねのける精神力も養ってきた。北條は「しびれる場面で打席に立っても不安や焦りは全くなかった。全力でバットを振り抜けた」と最高の笑顔を見せた。

第105回記念岩手大会

ハイライト

準々決勝

１回裏盛岡三１死一、二塁、阿部蒼流が先制の右前適時打を放つ。捕手近藤大雅＝7月22日、花巻球場

盛岡三 9－0 専大北上

盛岡三9得点 中軸が活躍

盛岡三は、好調の打線が初回から本領を発揮し、七回コールドで準決勝に進んだ。1死一、二塁から阿部蒼流（3年）の右前打で先制。3試合目で初安打の4番は「やっと一本出てほっとした」と表情を緩めた。3番駒井優樹（3年）が3安打、5番鈴木暖人（3年）は3打点と中軸が活躍し四回までに9点をもぎ取った。

春季東北大会ではベスト4入りし、仙台育英など東北の強豪と戦った。伊藤崇監督が「春の経験が生きている」と語るように、相手の130キロ台後半の速球派投手を苦にせず、鋭い打球を飛ばした。各打者の選球眼も光った。

投げては今大会初登板の藤枝歳三（2年）が5回を3安打で零封。「この試合まで、周りの投手がいい流れでつないでくれた。気負わず打者に集中できた」と納得の表情を見せた。マウンドを継いだ杉沢直輝（3年）が、力強い直球を軸に2回を締めた。

投手陣は3試合で5人が登板し無失点と安定。4番に初安打が出て、エースも好投。投打の充実ぶりを示し、3試合連続のコールド勝ちで夏の4強をつかんだ。

１回裏盛岡一２死二、三塁、千葉穂高が先制の中前２点打を放ち、一塁へ走る＝７月22日、花巻球場

盛岡一 2-1 盛岡四

盛岡一本領 先行逃げ切り

粘り強く、最後まで集中力を切らさない。伝統校らしい戦いで盛岡一が2年連続のベスト4に勝ち上がった。

初回に「もっと上級生が頑張らないといけない」と前日の3回戦に誓っていた3年生が奮起。佐藤孝大の右前打、畠山瑞輝の右翼線二塁打で2死二、三塁。千葉穂高主将が初球を中前に運び、2者を迎え入れた。

今春は地区予選敗退。「本気で取り組んでいるのか」と3年生中心にこだわってきた「本気度」。ここ一番での勝負強さにつなげた。

この2点を川崎煌成、安田圭吾の1年生必勝リレーで守り抜いた。昨夏4強を観戦し「全員で野球をやっている姿にひかれ、ここで甲子園に行きたい」と伝統校の門をたたいた川崎。連投の疲れも見せず、90キロ台の変化球と120キロ台の直球をコースに投げ分け、アウトを重ねた。

七回に1失点したところで川又範明監督が「同点になる前に」と継投を決断。期待に応えて安田が「(川崎）煌成の頑張りを無駄にしたくない」と無失点で好救援した。

準々決勝

６回裏花巻東２死満塁、千葉柚樹が中堅へ２点打を放ち、７―１とリードを広げる＝７月22日、きたぎんボールパーク

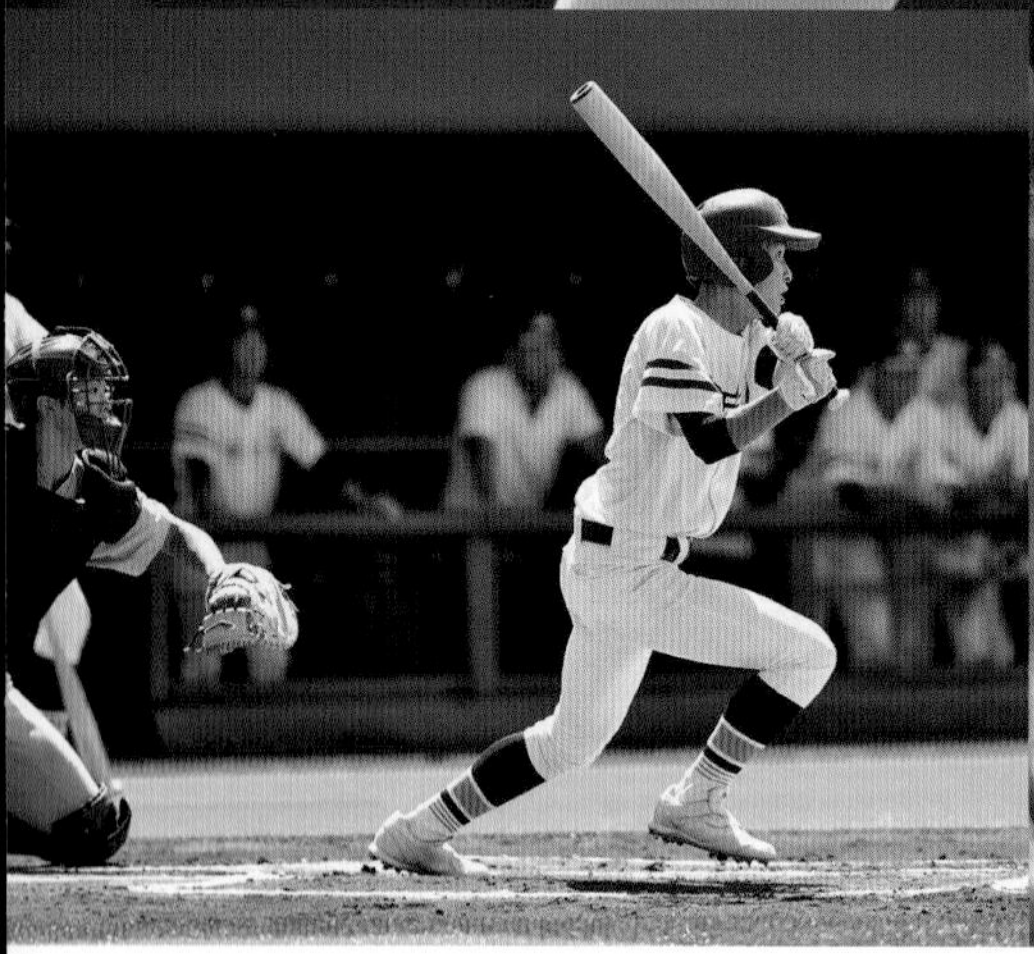

花巻東 8―1 盛岡誠桜

花巻東打線 中盤突き放す

「麟太郎だけじゃない」。花巻東は背中の違和感を抱える3番佐々木麟太郎（3年）が本調子ではない中、打線が奮起。五、六回で7点を奪いコールド勝ちした。

1―1の五回2死三塁から1番久慈颯大（3年）の左翼線三塁打で勝ち越し。2番熊谷陸（3年）の左前適時打などで3点を奪い4―1と突き放した。下位打線で好機をつくり、上位打線で得点する理想の展開だった。

六回は2死一、二塁から佐々木麟が申告敬遠。4番千葉柚樹主将（3年）は「（満塁策は）さすがにないだろうなと思っていたが、まあ想定内。結果を出せて良かった」と7―1とする中前2点打で勝負強さを示した。

先発左腕の葛西陸（2年）は「甘く入らず、直球をしっかりコースに投げ切れた」と7回1失点の好投。打者でも犠打を3度決めてチームに貢献した。

バックも無失策で支えた。五回は空振り三振で飛び出した一走を、捕手小林然（3年）が矢のような送球で刺して併殺に仕留めた。

8回表盛岡商1死一、三塁、立花晋一郎犠飛で三走高橋遥都が生還し、4―3と勝ち越す。捕手小原翔吾＝7月22日、きぎんボールパーク

盛岡商 4－3 一関学院

盛岡商猛進 21年ぶり4強

4―3の九回裏2死三塁。左翼へのライナーを盛岡商の立花晋一郎（2年）がグラブに収め、ゲームセット。21年ぶりの4強進出を決め、スタンドからは割れんばかりの大歓声が湧いた。竹村陽人主将（3年）は「まだ勝ったという実感がない。夢を見ているようだ」と笑顔を輝かせた。

前回覇者一関学院を2―3で追う八回1死二塁。打席に入った4番高橋遥都（2年）は重苦しい空気を振り払うかのようにほえた。「上から見て強くたたく」。全力で振り抜いた打球が左翼線二塁打となり同点。5番大塚晋平（3年）も中前打で続き、6番立花の犠飛で4―3と逆転した。右打者が下手投げ投手を苦にせず、しっかり踏み込んでボールを捉えた。

勝利を呼び込んだのは何より「攻めの気持ち」だ。競り合った展開にも守りのミスを恐れず、内野手は前に出てゴロをさばいた。4投手もマウンドで気持ちを前面に出した。田中純一監督は「継投でなんとかしのげた。野手も好プレーで助けてくれた。攻めの守りは練習からやってきたこと」と選手の成長をたたえた。

ハイライト 3回戦

5回裏盛岡誠桜2死一塁、田中幸希が左中間へ三塁打を放ち、3―0とする。捕手佐藤俊輔＝7月20日、花巻球場

5回裏、田中幸希の左中間三塁打で生還した松谷莉秀（左から3人目）を迎える盛岡誠桜ベンチ

盛岡誠桜投打充実　初の8強

盛岡誠桜 7－0 一関工

盛岡誠桜は投打のバランス良く、初の夏ベスト８をつかんだ。

好機をきっちり得点につなげた。１―０の五回２死、８番川倉大州（３年）から２番藤田優月（１年）までの４連打で３点。六回はバント安打を足場に、田中幸希主将（３年）の右越え２点二塁打などで７―０と突き放した。長打３本を放ち、３打点を挙げて打線を引っ張った田中主将は「エースが頑張っていたので試合を決めたかった」と勝利を喜んだ。

主戦高橋脩（３年）は７回を被安打３、無失点に抑える「完璧な投球」。スライダーでタイミングを外し９三振を奪った。四回１死三塁から三走がスタートしたのを見て高めに外し、スクイズを投飛に打ち取る冷静さも光ったが、背番号１は「スピードを意識せず（相手打者を）かわすことができた。70点よりはいいですけど、73点ですね」と満足しなかった。

盛岡三 ― 一関二

３回裏一関二２死二塁、３番小岩倫太郎（右）が右安打を放ち、一、三塁と好機を広げて笑顔を見せる＝７月21日、きたぎんボールパーク

水沢一 ― 専大北上

マウンドに集まって声をかけ合う水沢一の選手＝７月21日、花巻球場

盛岡商―水沢工

(写真右) 4回裏に水沢工の佐藤琉羽彩が反撃の左越えソロを放つ。捕手竹村陽人
(写真左) 5回表盛岡商1死、11―1とする左越えソロを放った高橋遥都 (左)。
2打席連続本塁打に笑みを広げた＝7月20日、花巻球場

7回途中まで大船渡に得点を許さず、先発として流れをつくった盛岡一の1年生川崎煌成＝7月21日、花巻球場

盛岡一
頼もしい1年生継投

盛岡一 3－1 大船渡

盛岡一は再三のピンチを「動じない心」でしのぎ、シード校を破った。2人の1年生投手が力投し、バックが無失策で支えた。

先発川崎煌成（1年）は二回1死三塁、四、六回の無死一、二塁など三回以外は得点圏に走者を背負ったが粘りの投球で6回⅓を無失点。「打者に集中しよう。3年生がいる中で投げさせてもらっているので腕を振ろう」と直球に緩いカーブを織り交ぜて、要所を締めた。

3―0の七回1死満塁の場面で、安田圭吾（1年）が救援。右横手からコーナーを突いて一邪飛、空振り三振に仕留め無失点で抑えた。九回に無死二、三塁とされるも、1失点で乗り切り白い歯を見せた。

打線は三回に3点を奪うも、その後は好機を生かすことができなかった。流れは悪かったが、守備で崩れなかった。そこには「昨夏の教訓」があった。一関学院との準決勝で、失策が響き先制を許した。雨中の激戦で踏ん張り切れず敗退した。

昨夏もマスクをかぶった千葉穂高主将（3年）は「どんな状況でも平然とプレーしようと1年間取り組んできた」と成果を発揮し、胸を張った。

9回表大船渡無死二、三塁、今野秀太朗主将が中堅方向へ犠飛を放ち、1点をかえす。捕手千葉穂高、球審菊地＝7月21日、花巻球場

盛岡四―黒沢尻北
９回表盛岡四２死三塁、杉田楓都の左翼への適時打で９―１と突き放す。打線はこの試合18安打と勢いに乗った＝７月21日、きたぎんボールパーク

大東―一関学院
５回表大東無死一、三塁で金野幸世がバント安打を決め、三走が生還。２―１とリードする＝７月20日、きたぎんボールパーク

花巻東―水沢商
延長11回135球を投げ抜いた水沢商の主戦菊地悠稀。花巻東の佐々木麟太郎を三振に仕留めるなど、右横手から緩急をつけた投球で王者を追いつめた＝７月20日、きたぎんボールパーク

ハイライト

2回戦

延長10回裏水沢商１死満塁、高橋叶（４）の右前打でサヨナラ勝ちを決め、喜ぶ選手たち＝７月13日、花巻球場

水沢商　先輩へ贈る十回サヨナラ

水沢商 4－3 花巻北

水沢商は、先輩思いの２年生が投打で発奮。延長十回の熱闘に終止符を打った。

無死一、二塁から始まるタイブレーク制で迎えた十回裏。１点を追う展開の中、１死満塁から及川陸斗主将（３年）の内野ゴロ敵失で同点。高橋叶（２年）に打席が回った。

追い込まれて、変化球狙いから「最低限、右方向」と切り替える。そこに相手左腕が投じたのは、併殺打を狙った外角チェンジアップ。意識した通りに大振りせず的確にミートする。ベスト16入りを決める打球が一、二塁間を破った。殊勲打を放った高橋叶は飛び跳ねながら先輩たちの元へ向かい、「苦しい時、支えてくれたのが３年生。打ててうれしかった」と声を弾ませた。

マウンドでは千葉孔陽（２年）が「バックの先輩たちを信じて強気で投げた」と九回１死三塁から好救援。タイブレークは春季県大会でも経験しており、焦らず最少失点で切り抜けた。

一関学院―盛岡中央

５回表一関学院無死二塁、小野唯斗が左越え適時二塁打を放ち、４―０と点差を広げる。捕手小笠原愛輝＝７月13日、きたぎんボールパーク

久慈東―盛岡一

５回表久慈東無死、先頭の三上珠来（中央）が右中間三塁打を放つ。次打者の犠飛で生還し、３－５と追い上げる＝７月17日、花巻球場

盛岡四―遠野

１回表盛岡四１死一、三塁、室野瑛心の右犠飛で三走村松怜央が本塁に滑り込み、２―０とする。捕手佐々木裕希＝７月14日、きたぎんボールパーク

千厩—黒沢尻北　逆転サヨナラ勝ちを収め、背中を反らせて全身で校歌を響かせる黒沢尻北の選手＝7月14日、花巻球場

盛岡工—一関工

8回表盛岡工無死、2－1とする左越えソロを放ち、喜ぶ大志田祐太朗（右）＝7月13日、花巻球場

一関一—大東

8回裏大東2死一、二塁、菅原球磨が6—3とする左翼線適時二塁打を放ち、一塁を回る＝7月13日、花巻球場

久慈—専大北上

（写真上）延長10回裏専大北上無死一、二塁で川崎海璃が三塁方向へバント安打を決める。無死満塁と好機を広げてサヨナラ勝利を呼び込んだ
（写真下）9回表久慈無死、4番の1年生和野虎牙（右）が4—3とする左中間ソロを放ち、仲間とタッチを交わす＝7月17日、きたぎんボールパーク

第105回記念岩手大会

ハイライト 1回戦

釜石 15奪三振の力投

水沢 6-5 釜石

釜石の主戦左腕、阿部煌大（３年）は、「冷静さを失わず投げられたし、変化球がいい所に決まった」と15奪三振の力投を見せた。

０―１の四回に自らの中前打で同点として、チームに勢いを与えた。打線は五、七回の追加点で援護。ともに２死から阿部幹（３年）が２点打を放ち、一時５―１とリードを広げた。

最終回は勝利までアウト一つに迫ったが、無念の逆転サヨナラ負け。167球を投じた背番号１は「（最後の直球は）もう少し外に投げればよかった。悔いはないが悔しい」と言葉をのみ込んだ。

水沢打線を相手に167球を投げ抜き、15奪三振と奮闘した釜石の主戦左腕阿部煌大＝７月８日、花巻球場

９回裏水沢２死二、三塁、中前打で逆転サヨナラを決めた４番佐々木洸聖（中央）。２ストライクから勝負強さを見せて歓喜の輪の中心となった

一関修紅―岩手

２回裏岩手１死二、三塁、４番広田快斗が右前適時打を放ち、５―１とする＝７月10日、きたぎんボールパーク

千厩―不来方

６回表千厩２死二塁、佐藤壮太の右前打で、二走小野寺颯太が生還し５―１とリードを広げる＝７月10日、花巻球場

北上翔南―一関高専

２回裏一関高専２死二、三塁、先制の左前２点打を放ち、一塁へ走る高橋璃久＝７月10日、花巻球場

沿岸連合―盛岡中央

２回裏盛岡中央２死満塁、佐々木優太が左翼線に３点二塁打を放ち、５―０と突き放す＝７月８日、きたぎんボールパーク

大船渡東・住田 ― 釜石商工　選手12人一丸で夏の勝利をつかんだ大船渡東・住田の選手たち。最後まで「楽しく全力プレー」を貫いた＝7月9日、きたぎんボールパーク

連合チーム　躍動の夏

第105回記念岩手大会には、連合として13校5チームが出場した。野球ができる喜びをかみしめ、一丸となってグラウンドで躍動。北三陸連合（大野・久慈工）と大船渡東・住田の2チームは、夏1勝を挙げた。

北三陸連合の細越以真主将（大野3年）は「久慈工とは1年秋に連合を組み、大野・紫波連合で臨んだ昨夏は、初戦の対戦相手だった」と振り返る。「縁があるチームと一緒に戦えて楽しかった。仲間思いのチームで、感謝しきれないぐらい支えられた。高校野球で学んだように、人から愛される人間となりたい」と前を向いた。

江南義塾盛岡 ― 北三陸連合

8回途中まで被安打5、無失点に抑えた北三陸連合の細越以真（大野、左）。継投した中村透吾（久慈工）も、安打を許さずマウンドを守った＝7月11日、花巻球場

沿岸連合 ― 盛岡中央

攻守交代でベンチに戻りながら、タッチを交わす沿岸連合の選手＝7月8日、きたぎんボールパーク

紫江連合 ― 高田

1回表2死で紫江連合の4番及川慶（金ケ崎）が中堅へ適時打を放ち、三浦拓己（金ケ崎、手前）が生還。先制点をもぎ取り喜び合うベンチ＝7月9日、花巻球場

一関工 ― 一戸・軽米連合

主戦田代侑司（1）を中心に、マウンドに集まる一戸・軽米連合の選手＝7月9日、花巻球場

９回裏一関二１死満塁、吉田新太が左翼へ２点二塁打を放ち、逆転サヨナラ勝ちを決める＝7月10日、花巻球場

２日間の攻防　一関二が劇的勝利　一関二 6−5 花巻南

本県初の継続試合は、一関二が逆転サヨナラで制した。気迫の６連打で試合をひっくり返し、抱き合うナインをカクテル光線が照らした。

本年度から導入された継続試合。７月９日の花巻球場第３試合だった花巻南―一関二は、降雨のため午後５時３分、花巻南の攻撃四回表２死一、二塁、１ボール２ストライクで中断。翌10日午後５時３分、中断した場面から再開された。

一関二が３点を追う九回１死。主戦三浦大人（３年）から反撃が始まった。一人で投げ抜いたエースは「いろいろ考えてもうまくいかない。自分を信じて結果を望まず振り抜く」と初球打ち。右越え二塁打となり、チームを勇気づけた。

代打佐藤聡太（１年）も続き、小岩倫太郎（３年）、佐藤駿太（３年）の連続右前適時打で１点差。千田心夢（２年）も左前打でつないだ。

一打逆転の１死満塁で迎えたのは、吉田新太（３年）。調子が上がらず苦しんでいた４番だ。小山智之監督は「４番が打てなきゃ諦める。思い切ってやれ」と背中を押した。

初球はボール。次のワンバウンドの球を振ってしまうが、これまでの取り組みを思い返した。「体が開いては駄目だ」。瞬時に切り替え３球目の変化球を捉えると、打球は左翼手を越えた。「今日一番の手応えだった。やってきたことを信じて良かった」と破顔し、仲間に迎えられた。

ベンチ前で何度も抱き合った選手たち。練習試合から力を入れてきたのは「流れをつかむこと」。昨秋県大会ベスト４の一関二が、しっかり夏の上昇気流に乗った。

大東―平舘

３回裏平舘１死二、三塁、４番畠山結樹の右犠飛で三走の高橋匠が生還し２―３とする＝７月８日、きたぎんボールパーク

盛岡北―遠野

５回裏遠野２死二、三塁、２年生の７番菊池流生が２点中前打を放ち、４―２と勝ち越す。投手藤原泰輝＝７月９日、きたぎんボールパーク

水沢一―宮古

２回裏宮古２死一、三塁、有谷拓翔の左安打で三走田代康太がヘッドスライディングで生還。２―３と追い上げる＝７月11日、きたぎんボールパーク

一関一―盛岡大付

盛岡大付打線を５安打、６三振に抑えて完封した一関一の主戦右腕菅原春紀。勝利が決まると、飛び跳ねて喜ぶ仲間に囲まれ、「苦しいところを三振で乗り切れた」と達成感に浸った＝７月８日、花巻球場

花泉―盛岡市立

６回裏盛岡市立２死一、二塁、４番藤村大陸主将の左中間へ適時二塁打で４―０とする。チームは計11安打を放ち、開幕試合を制した。捕手山畑晄成、球審宇都宮＝７月７日、きたぎんボールパーク

ボール

7月7日　第105回記念岩手大会開会式

県営球場（盛岡市三ツ割）から、熱球譜のバトンを引き継いだ「きたぎんボールパーク」（盛岡市永井）で迎えた最初の夏。高校生のはつらつとした笑顔が、甲子園切符を懸けた岩手大会の開幕を彩った。

前回覇者の一関学院を先頭に、選手たちが美しい人工芝のグラウンドで入場行進。来春に福岡工と統合する一戸の米沢凜風さん（3年）が全体の先導役を務めた。

盛岡北の佐藤琉主将（3年）が「スポーツの感動、スポーツの楽しさ、野球の素晴らしさが未来輝く子どもたちの心に届くように、全力でひたむきに戦う」と選手宣誓。言葉は家族と考えたといい、「僕の選手宣誓や高校生のプレーを見て、野球をやりたいなと思ってくれる子が一人でもいたらうれしい」と思いを込めた。

新聖地の夏 プレー

新球場と第105回大会の記念セレモニーが引き続き行われ、盛岡四バトントワリング部が華やかな演技を披露。不来方音楽部は「栄冠は君に輝く」などを高らかに歌い上げ、バンカラ連合6校（福岡、盛岡一、花巻北、黒沢尻北、水沢、一関一）が、球児たちにエールを送った。

司会役の舘又桜さん（大野3年）と佐藤美優さん（花巻北3年）は、ともに野球部マネジャー。舘又さんは「プレッシャーはあったけれど、笑顔で選手を送り出せてよかった」とほっとした表情。佐藤さんは「バトントワリングなど他の部活で頑張る姿を見ることができて、楽しみながら司会ができた」と声を弾ませた。

7月7日

■きたぎんボールパーク（盛岡市）

花　泉	000000000	0
盛岡市立	00101200×	4

（花）佐藤夢、佐藤蕾―山畑
（盛）若狭―藤村

【評】盛岡市立が11安打で着実に加点し開幕試合を制した。三回に吉田が先制中前打。五回は西村の左越え二塁打で１点、六回は４番藤村の左中間二塁打で２点を加えた。主戦若狭が打たせて取る投球で完封した。

花泉は打線が散発３安打に終わり、得点圏の走者を生かせなかった。

盛岡市立が夏の新球場初白星

盛岡市立が夏の新球場初白星を挙げ、５大会連続で初戦を突破した。

頼れる４番の一打で突き放した。２―０の六回２死一、二塁、藤村大陸主将（３年）が左中間へ２点二塁打を放ち、貴重な追加点をもぎ取った。

無駄なボール球に手を出さないことを徹底し、打線は計11安打と勢いに乗った。３安打２打点と活躍した藤村主将は「甘い球を逃さず、思い切って振れた。みんな緊張していたのが逆によかったのかも」と白い歯を見せた。

【花泉】		打安点
④	高橋　陸	410
⑨	佐々木蹴磨	300
⑥	加　藤	410
⑤	佐藤　巧	300
⑧1	佐藤　蕾	300
⑦8	千葉　暖	310
②	山　畑	300
③	千葉　幸	300
①	佐藤　夢	100
7	小野寺	100
H	熊　谷	000
R	菅原　聡	000
振球犠盗失併残	3200213	2830

【盛岡市立】		打安点
⑦	野　田	110
R	三　上	000
7	横　欠	100
3	中　野	000
④	田　村	200
③5	吉　田	321
②	藤　村	432
⑥	大　山	500
⑤7	西　村	311
⑨	田　上	320
⑧	天　瀬	420
①	若　狭	200
振球犠盗失併残	39400013	28114

▽二塁打　千葉暖、加藤（花）藤村２、西村（盛）
▽審判　球審＝宇都宮　塁審＝三浦、馬渕、佐久間
▽試合時間　２時間４分

7月8日

■きたぎんボールパーク（盛岡市）

沿岸連合	00110	2
盛岡中央	1791×	18

（五回コールド）
（沿）柏谷、佐藤、福士、沢田偉風―沢田偉悠
（盛）宮野、白畑、北田、千田―小笠原、川村

【評】盛岡中央は二塁打５本、三塁打２本の長打攻勢で12安打18得点の五回コールド勝ち。初回に佐々木優が先制二塁打を放ち、二回は打者12人で７点。三回も９点の猛攻で圧倒した。

沿岸連合は三回に田口の中前打、四回は沢田偉風の右前打で１点ずつかえし、執念を見せた。

盛岡中央４番、大暴れ７打点

盛岡中央は序盤の猛攻で勝負を決めた。４番佐々木優太（３年）が４打数３安打７打点と大暴れ。初回は２死二塁から中堅へ適時二塁打。二回は２死満塁から左翼線３点二塁打を放ち、三回にも３打点を挙げた。佐々木は「一球一球集中してバットを振ってきた成果を出せた」と胸を張った。

【沿岸連合・田口大輝主将（大槌３年）】最後まで諦めずに戦い、やり切った。この試合は今までで一番一つになれたと思う。みんなにありがとうと伝えたい。

【沿岸連合】		打安点
③	田　口	311
⑧18	佐　藤	200
⑤	鈴　口	300
⑨89	熊　谷	210
①6	柏　谷	100
④1	沢田偉風	211
⑦	阿　部	110
7	山　下	100
⑥91	福　士	000
4	中　村	100
②	沢田偉悠	200
振球犠盗失併残	5211304	1842

【盛岡中央】		打安点
⑧	大　坊	431
⑥	立　花	110
⑨	磯　野	101
⑦	佐々木優	437
③	西　山	112
H3	倉　橋	100
④	小　山	310
4	高　橋	000
②	小笠原	212
2	川　村	000
①	宮　野	111
H	佐々木元	000
1	白　畑	000
1	北　田	000
H	小　松	101
1	千　田	000
⑤	田　代	311
振球犠盗失併残	11230117	221216

▽三塁打　西山、小山（盛）
▽二塁打　佐々木優３、大坊、田代（盛）
▽審判　球審＝畑川　塁審＝立崎、伊藤、中村
▽試合時間　１時間42分

7月8日

■きたぎんボールパーク（盛岡市）

花巻農	0000200	2
水沢商	1033011x	9

（七回コールド）
（花）菅原、小原幸、及川蘭―関口
（水）菊地、千葉孔―及川

【評】水沢商は12安打で着実に加点し七回コールド発進した。初回に千葉俊の右前打で先制。三回は五嶋の右前打などで３点、四回は高橋叶の右中間三塁打に敵失が絡み３点を加えた。

花巻農は堅実な攻撃で五回１死二、三塁から牛崎の内野安打、小原幸の右前打で２点をかえした。

【花巻農・菅原颯太主将（３年）】唯一の３年生としてチームを引っ張ってきた。全員で挑めたことに悔いはない。

【花巻農】		打安点
⑥1	及川　蘭	400
②	関　口	300
⑦	鎌　田	300
③	伊　藤	310
⑨8	千　葉	200
⑤	高　橋	310
①9	菅　原	200
④	牛　崎	321
⑧	吉　田	100
1	小原　幸	111
6	照井　龍	100
振球犠盗失併残	7120206	2652

【水沢商】		打安点
⑤	千　田	510
⑥	沼　倉	320
③	千葉　俊	321
②	及　川	110
④	高橋　叶	323
⑧	五　嶋	321
①9	菊　地	201
⑦	原　田	422
⑨	佐々木	200
1	千葉　孔	100
振球犠盗失併残	211301014	27128

▽三塁打　高橋叶、及川（水）
▽二塁打　伊藤（花）千田、沼倉（水）
▽審判　球審＝百鳥　塁審＝三浦、岩渕、多田
▽試合時間　２時間０分

7月8日

■きたぎんボールパーク（盛岡市）

大　東	0030701	11
平　舘	0110000	2

（七回コールド）
（大）伊藤、千葉―小島
（平）滝川、大和―高橋

【評】大東が五回に一挙７点を奪い、七回コールド勝ちした。三回に鳥畑の適時内野安打や菊池陽の中前打などで３点。五回は菊池陽の右中間二塁打、小島の左中間３点三塁打などで突き放した。

平舘は二回に滝川のスクイズで先制。三回も犠飛で加点したが、勢いに乗れなかった。

大東―平舘　５回表大東１死満塁、小島悠主将が左中間に走者一掃の三塁打を放ち、９―２とする。右手親指の骨折から復帰したばかりだったが、４打点の活躍を見せた

【大東】		打安点
⑥	菅原　球	311
⑦1	千　葉	310
⑧	鳥　畑	321
⑤	菊池　陽	422
③	菅原　朝	411
①74	伊　藤	220
⑨	菅原　慶	300
④	菊池　巧	311
7	金　野	000
②	小　島	214
振球犠盗失併残	7642005	271110

【平舘】		打安点
②	高　橋	410
⑨	斎　藤	210
3	遠　藤	000
③8	小　林	310
⑤	畠　山	201
⑥	工藤　和	310
④	佐々木	310
①	滝　川	111
1	大　和	000
⑧9	津志田	200
⑦	伊　藤	300
振球犠盗失併残	7143305	2362

▽三塁打　小島（大）
▽二塁打　菊池陽、菅原朝（大）滝川（平）
▽審判　球審＝里見　塁審＝平子、水野、工藤
▽試合時間　２時間６分

1回戦詳報（7月7日～9日）

【釜石】	打安点
⑧ 小笠原	410
⑤ 唯野	410
⑥ 阿部幹	424
② 千葉栄	310
① 阿部煌	321
③ 小林	310
⑦ 菊池	400
④ 前川威	310
⑨ 小沢	200
振球犠盗失併残…………	
6350206	3095

【水沢】	打安点
⑧ 浦川	210
③1藤沢	421
R 遠藤佑	000
⑦ 千葉陽	422
⑤ 佐々木洸	522
⑨3佐々木汰	400
② 松本	300
④ 菊地	400
⑥ 高橋	300
H 鈴木碧	100
① 小野寺	100
H9千葉柊	210
振球犠盗失併残…………	
15610008	3385

▽三塁打　阿部幹（釜）
▽二塁打　千葉栄（釜）藤沢（水）
▽審判　球審＝三浦　塁審＝菊池、千葉、加藤
▽試合時間　2時間26分

水沢、２死から逆転サヨナラ

九回裏、２者連続三振で２死走者なし。ここから水沢の逆襲が始まった。１番浦川優侑（３年）が死球で出ると、２番藤沢朔（３年）の適時打で１点差。さらに四球、捕逸で二、三塁と好機を広げた。

命運を託された４番佐々木洸聖（３年）は２ストライクと追い込まれる。冷静に「大きいのを狙わずチームバッティング」と靴ひもを結び直す。「２ストライク後は、ノーステップでコンパクトに」。チームの決まり事を意識した鋭い打撃が劇的勝利を決めた。

7月8日
■花巻球場（花巻市）

釜石	000120200	5
水沢	100000203x	6

（釜）阿部煌―千葉栄
（水）小野寺、藤沢―松本

【評】水沢が九回２死から３点を奪って逆転サヨナラ勝ち。藤沢の中越え二塁打で１点差。二、三塁から佐々木洸が中前打を放ち、勝負を決めた。

釜石は左腕阿部煌が167球を投げ15奪三振、自責点２と奮闘。阿部幹が２安打４打点の活躍で一時４点リードしたが守れなかった。

【花巻北】	打安点
⑥ 川原	510
④ 照井	510
⑤ 高橋愛	430
② 宮野	421
⑧ 小原諒	400
① 小原慶	410
⑦ 伊藤望	210
③ 根子	312
⑨ 小原拓	200
振球犠盗失併残…………	
8230425	33103

▽二塁打　照井、宮野、高橋愛（花）瀬川（宮）
▽審判　球審＝那須野　塁審＝須藤、菊地、植村
▽試合時間　2時間33分

【宮古商工】	打安点
⑧ 佐々木蓮	410
⑥ 鳥居	300
H4宮本	100
⑤ 田代	420
⑨191古舘	420
④6瀬川	421
② 貫洞	211
③ 川戸	200
H3永洞	201
⑦9佐々木真	411
① 菊池	000
191中谷	200
H 大久保	100
7 小林	000
振球犠盗失併残…………	
8020124	3394

花巻北―宮古商工　６回表花巻北２死一、二塁、四球が暴投となり、二走高橋愛叶夢が一気に生還。３―１とし、機動力で一気に流れを引き寄せた

7月8日
■花巻球場（花巻市）

花巻北	200003001	6
宮古商工	000010003	4

（花）小原慶―宮野
（宮）菊池、中谷、古舘、中谷、古舘―貫洞

【評】花巻北が主導権を渡さず初戦突破した。初回１死一、三塁から暴投で先制点、宮野の左中間二塁打で２点を先行。六回も２死一、二塁から四球が暴投となり、二走が生還。根子が２点左前打で続き５―１とした。

宮古商工は田代、古舘、瀬川の３連打など九回の反撃が光った。

【一関一】	打安点
⑥ 佐々木	321
⑦ 後藤	400
⑧ 中川	420
② 岩渕隼	300
③ 斉藤	310
④ 宮崎	310
4 植村	000
⑨ 小野寺毅	311
① 菅原	400
⑤ 小野寺蓮	400
振球犠盗失併残…………	
7411006	3172

▽本塁打　佐々木（一）
▽二塁打　中川、宮崎（一）
▽審判　球審＝八重樫　塁審＝千葉、木村、菊池
▽試合時間　2時間11分

【盛岡大付】	打安点
④ 粕谷	310
⑧1石井	420
⑨ 諏訪	300
② 小林	310
⑤ 伊藤	400
⑦3中田	300
⑥ 平野	300
H 玉沢	100
③ 末広	200
H7須藤	100
H 上野	110
R 桜庭	000
① 竹ケ原	100
1 坂本	100
H8飯島	100
H 橋本	100
振球犠盗失併残…………	
6310009	3250

一関一主戦が強力打線完封

３点リードの九回２死一塁。一関一の主戦右腕菅原春紀（３年）の138球目の直球も威力十分だった。狙い通りの空振り三振に仕留めて盛岡大付を完封した。

初回１死満塁のピンチには「ここを抑えれば流れが来る」とギアを上げ、三振と左飛で切り抜けた。強打に備えた大胆シフトのバックも無失策で援護。左打者７人をそろえた相手に対し、クイック投法から繰り出すチェンジアップを効果的に使い、６三振、飛球11個を積み重ねた。

7月8日
■花巻球場（花巻市）

一関一	010110000	3
盛岡大付	000000000	0

（一）菅原―岩渕隼
（盛）竹ケ原、坂本、石井―小林

【評】一関一は、右腕菅原が盛岡大付を５安打に抑え、完封勝ちした。二回、小野寺毅の右前打で先制。五回は佐々木の左越え本塁打で３点目を挙げた。

盛岡大付は初回１死満塁の逸機から後手に回り９残塁。二～七回は無安打で、八回は２死二、三塁の得点機を逃し、2000年以来23年ぶりの初戦敗退となった。

【盛岡北】	打安点
② 宮城	511
⑤1遠藤	511
③ 小沢	400
⑥ 佐藤暉	311
⑨19佐藤大	300
⑦ 中軽米	310
7 工藤	000
5 赤川	000
R 山下	000
⑧ 佐藤琉	300
① 藤原泰	210
R97滝本	000
H 道淵	100
④ 藤原想	300
4 藤沢	111
振球犠盗失併残…………	
7415207	3364

【遠野】	打安点
⑧ 藤川	400
④ 佐々木脩	420
⑤ 畑山	310
③ 山口颯	310
⑨ 菊池児	200
H 留場	100
9 菊池駿	210
⑦ 伊藤	421
⑥ 菊池流	312
② 佐々木裕	410
① 太田	422
振球犠盗失併残…………	
96243011	34115

▽三塁打　遠藤（盛）
▽二塁打　畑山、太田、菊池駿（遠）
▽審判　球審＝及川　塁審＝野中、下川原、金野
▽試合時間　2時間27分

盛岡北、最終回に粘り

３―７で迎えた九回１死一、三塁。盛岡北は、９番藤沢亮介（１年）の適時内野安打で１点をかえした。なおも好機は続いたが反撃は届かなかった。最後まで諦めず、逆転を信じていた選手たちは肩を落とした。

過去に連合チームでの出場を経験した３年生にとって、単独チームとして戦える喜びが大きかった。佐藤琉主将（３年）は「九回を全員で戦い抜けたことに満足。『盛岡北』として出場できたことを誇りに思う」と悔いのない笑顔で語った。

7月9日
■きたぎんボールパーク（盛岡市）

盛岡北	200000101	4
遠野	00004120×	7

（盛）藤原泰、佐藤大、遠藤―宮城
（遠）太田―佐々木裕

【評】遠野が中盤の攻勢で白星をつかんだ。五回に伊藤の右前打、菊池流の中前２点打などで４点をもぎ取り逆転。六回にも１点、七回は太田が中前２点打を放った。

盛岡北は初回に遠藤の右翼線三塁打、佐藤暉の右前打で２点を先行。七、九回にも１点を奪った。

7月9日
きたぎんボールパーク（盛岡市）

盛岡工	10021202	8
盛岡南	00000000	0

（八回コールド）
（工）舘山―打野
（南）小島、高橋、日野沢―村松

【評】盛岡工が小刻みに得点を重ね八回コールド勝ちした。初回に相手暴投で先制。四回は打野の右中間二塁打、坂本の適時内野安打で２点を加えた。主戦舘山が11奪三振で零封した。

盛岡南は打線が４安打と苦戦したが、２番朽木が２安打。二、四回の得点機を生かしたかった。

盛岡工、投打かみ合う

盛岡工は左腕・舘山隼介主将（３年）が流れをつくった。伸びのある直球とスライダーで的を絞らせず11奪三振。２度の降雨中断にも「緊張していたのでリラックスする時間ができた」と、リズムを崩さず投げ抜いた。打線も計14安打。細川幸希監督は「非力な選手もみんな粘り強く打ってくれた」と評価した。

【盛岡南・村松和主将（３年）】唯一の３年生としてチームを引っ張ってきて、最後まで逃げないでやってきた自分を褒めたい。

【盛岡工】	打安点
⑧ 細川	５３１
④ 佐藤南	４０１
① 舘山	４２１
③ 米沢	４１０
⑦ 山田	３００
⑥ 藤島	４２１
⑨ 大志田	４１０
② 打野	４２１
⑤ 坂本	４３２
振球犠盗失併残	
６１３３００８	36147

【盛岡南】	打安点
④ 下田	３００
⑦ 朽木	３２０
⑧18高橋	３１０
８ 佐藤	０００
② 村松	２００
⑥81日野沢	３００
③ 久保	３００
①6小島	３００
⑨ 角舘	３００
⑤ 芦生	３１０
振球犠盗失併残	
11１０２３０３	264０

▽三塁打　打野、坂本（工）
▽二塁打　打野、細川（工）
▽審判　球審＝沢田　塁審＝照井、新沼、佐藤
▽試合時間　２時間28分（中断30分）

7月9日
きたぎんボールパーク（盛岡市）

大船渡東・住田	001002220	7
釜石商工	000001001	2

（大）紺野、佐々木―上野
（釜）小笠原、芳賀、鳥居、佐々木―佐々木、小笠原

【評】大船渡東・住田は３番斉藤が４安打５打点と活躍。三回に先制打、七回に左中間２ラン、八回は右中間２点二塁打を放った。主戦紺野、佐々木の継投で主導権を渡さなかった。

釜石商工は六回に佐々木の左中間二塁打で１点をかえした。九回にも１点を奪い、意地を見せた。

大船渡東・住田が主導権

大船渡東・住田の12人が心を一つに夏１勝を挙げた。斉藤桜汰（住田３年）が２ランを含む４安打５打点とけん引した。

左腕紺野大道（住田３年）の好投も光る。緩いカーブでタイミングを外し、６回を４安打に抑えた。暑さの影響で両足がけいれんして降板したが、気迫あふれる堂々のマウンドだった。

【釜石商工・鳥居睦樹主将（３年）】春の地区予選の相手にまた勝てなかった。点を取られても気持ちを落とさず戦えたと思う。

【大船渡東・住田】	打安点
⑥ 金野	４１０
⑦1佐々木	４１０
⑤ 斉藤	５４５
⑨7今川	４１０
② 上野	４００
⑧ 千葉	３１０
③ 菊池	４００
① 紺野	３１０
７９大坂	２００
④ 菊地	２０１
振球犠盗失併残	
４５４１００10	35９６

【釜石商工】	打安点
⑥ 寺崎	４００
⑧３真田	３００
④14鳥居	４００
②１佐々木	３１１
⑦17芳賀	４１０
③798川口	４００
①32小笠原	４２１
⑨49栗沢	３００
⑤ 堀内	３２０
振球犠盗失併残	
６２００３０５	326２

▽本塁打　斉藤（大）
▽三塁打　佐々木（大）
▽二塁打　斉藤２（大）堀内、佐々木（釜）
▽審判　球審＝釜石　塁審＝下天广、藤沢、小野
▽試合時間　２時間24分（中断10分）

7月9日
花巻球場（花巻市）

紫江連合	1000000	1
高田	3011021x	8

（七回コールド）
（紫）後藤―北條
（高）菅野、伊藤―横沢

【評】高田が二塁打６本を含む15安打で七回コールド勝ちした。０―１の初回に戸刺、横沢、千葉葵の３連続適時打で３点を奪い返し、主導権を握った。着実に加点し、七回は佐藤温の左越え二塁打で８点目を奪った。

紫江連合は初回、及川慶が先制中前打を放ったが、追加点が遠かった。

紫江連合―高田　１回裏高田２死三塁、４番戸刺夢希が右中間へ同点打を放ち、１―１とする。「練習はいい状態ではなかったので無心でスイングした」と２安打２打点の活躍を見せた

【紫江連合】	打安点
① 後藤	３００
⑥ 三浦	２１０
② 北條	２００
③ 及川慶	３１１
⑤ 千葉	３００
⑨８佐藤寛	３００
④ 芦埜	３００
⑧ 千田	１００
７ 阿部友	２００
⑦９阿部絢	１１０
振球犠盗失併残	
13３０２２１４	23３１

【高田】	打安点
⑥ 大和田	４２１
⑨ 近江	４３１
①７菅野	４００
③ 戸刺	４２２
② 横沢	４３１
⑧ 千葉葵	４１１
⑦ 佐藤優	３００
１ 伊藤	１００
⑤ 佐藤温	４２１
④ 及川	３２０
振球犠盗失併残	
１００１００７	35157

▽二塁打　大和田、横沢、及川、近江、佐藤温２（高）
▽審判　球審＝千葉　塁審＝斎藤、鈴木、上野
▽試合時間　１時間55分

7月9日
花巻球場（花巻市）

一関工	000510000	6
一戸・軽米連合	000100040	5

（関）立石―佐藤俊
（戸）田代―大谷

【評】一関工は中盤の攻勢でリードし、主戦立石が10奪三振の力投でしのいだ。四回は小原が左翼へ先制ソロ、佐藤俊の中越え二塁打などで５点。五回は大森の中越え二塁打で加点した。

12人で挑んだ一戸・軽米連合は八回無死満塁から川畑の左前打などで４点を奪って追い上げた。

一戸、軽米と挑んだ「最後の夏」

来春に福岡工と統合する一戸は、軽米との連合チームで「最後の夏」に臨んだ。

主戦田代侑司（軽米３年）は「一戸のためにも１勝を届けたかった」と122球で完投。六回以降は無失点に抑え反撃を待った。打線は八回に４点を奪い、１点差に詰め寄る底力を見せた。

上平仁主将（一戸３年）は「最後の年だったので応援してくれる皆さんにいいプレーを見せようと思った。新チームも仲の良い、いいチームになってほしい」と思いを託した。

【一関工】	打安点
⑨ 千葉卓	５００
⑦ 小原	５１１
⑥ 阿部	５３０
⑧ 小林	５１０
③ 大森	４１１
④ 船山	３２１
② 佐藤俊	４１１
① 立石	３００
⑤ 木村	４１１
振球犠盗失併残	
３２００２０７	38105

【一戸・軽米連合】	打安点
⑥ 川畑	４２１
④ 上村	３１０
４ 上平	１００
③ 三浦	４１２
① 田代	４００
⑦ 細谷地	４００
⑨ 寺地	３１０
Ｈ 堀内	１１０
② 大谷	３１０
⑧ 古里	３１０
⑤ 君成田	４０１
振球犠盗失併残	
10１１０４１４	34８４

▽本塁打　小原（関）
▽二塁打　佐藤俊、大森（関）
▽審判　球審＝葛西　塁審＝大和田、伊東、久池井
▽試合時間　２時間７分

1回戦詳報（7月9日～10日）

花巻南九回暗転、涙の幕切れ

【花巻南】		打安点
⑦	阿部	520
④	林崎	322
②	平賀	411
⑧	原田	310
⑥	鈴木	500
⑤	佐々木	410
⑨	吉田	301
①	平畑	420
③	伊藤秀	221
振球犠盗失併残	56321010	33115

【一関二】		打安点
②	小岩	511
⑧	佐藤駿	521
⑤4	千田	520
③	吉田	523
⑦	滝上	200
H	阿部	100
7	勝部塁	110
⑨	山田	410
⑥	佐藤真	320
①	三浦	420
④	真籠	211
H5	勝部聖	100
H	佐藤聡	110
振球犠盗失併残	3010009	39156

▽三塁打　吉田(一)
▽二塁打　阿部、林崎2、伊藤秀、平賀(花)勝部塁、三浦、吉田(一)
▽審判　球審＝菅原　塁審＝高橋、井上、野露
▽試合時間　2時間32分

2日間に渡る攻防の最終盤までペースを握っていたのは花巻南だった。九回1死まで3点をリードしながら逆転サヨナラ負け。選手は膝から崩れ落ち、大粒の涙を流した。

継続試合再開後も、続けてマウンドに上がった主戦平畑愉楽（3年）は、テンポよくアウトを重ねた。打線も応え六、七回で加点し5―2とした。

だが最後は昨秋県4強の底力に屈した。平畑は「九回は疲れて球が上ずった。最後回だけすごく長く感じた」と唇をかんだ。

7月9日～10日
■花巻球場（花巻市）

花巻南	101002100	5
一関二	011000004x	6

（降雨で四回表2死より継続試合）
(花)平畑―平賀
(一)三浦―小岩

【評】一関二が九回に4点を奪って逆転サヨナラ勝ちした。1死一、三塁から小岩と佐藤駿の連続右前適時打で1点差に迫り、4番吉田が左翼へ逆転2点打を放った。

花巻南は六回に林崎の左中間二塁打と平賀の左越え二塁打で4―2とした。七回にも1点を加えたが勝ち切れなかった。

久慈、上級生が底力

【西和賀】		打安点
⑤	高橋潤	541
⑧	中里	510
⑦	藤原	400
①	高下	410
⑥	小田島	400
③	米沢	400
⑨	伊藤	420
②	佐藤和	301
④	佐藤彪	321
振球犠盗失併残	11020308	36103

【久慈】		打安点
⑧	坂本	300
④	宇部智	420
⑥	西野	410
③	和野	411
⑤	野田口	311
⑨	遠藤	411
⑦	佐々木	311
②	米田	410
①	下曽根	300
振球犠盗失併残	9213206	3284

▽三塁打　伊藤(西)和野、遠藤(久)
▽二塁打　伊藤、高橋潤2(西)野田口、宇部智(久)
▽審判　球審＝山口　塁審＝木村、里見、山根
▽試合時間　2時間2分

2―0の三回無死一塁。久慈の4番和野虎牙（1年）の打球は右中間フェンスを越えたが、本塁踏み忘れで記録は三塁打。和野は本塁アウトとなった。しかし、ここから先輩たちが底力を見せた。

5番野田口太希（2年）が四球で出ると、6番遠藤碧（3年）の右中間三塁打で1点。さらに7番佐々木奨真（3年）の犠飛で加点した。遠藤は「このまま終わったら1年生の和野が責任を感じてしまう。絶対に打ってやろうと思った」と頼もしかった。

7月10日
■きたぎんボールパーク（盛岡市）

西和賀	000020100	3
久慈	20300000×	5

(西)高下―佐藤和
(久)下曽根―米田

【評】久慈は序盤の攻勢で主導権を握った。三回に和野の右中間アーチが本塁踏み忘れで適時三塁打になったが、遠藤の右中間三塁打などで3点を加え5―0とした。

12人で出場した西和賀は五、七回にスクイズを決めて反撃。主将高橋潤は五回に適時二塁打を放つなど4安打と活躍した。

【福岡】		打安点
④	坂本	410
⑧	平	520
⑤	高田	410
⑥	宮崎	312
⑨	斉藤	411
③	恵津森	311
①	向川原	100
1	立崎	311
②	片野	310
⑦	村川	411
振球犠盗失併残	4243207	34106

【黒沢尻北】		打安点
⑥	松岡	411
④	江本	400
4	加藤	100
⑨	高橋史	511
③	高橋蓮	532
⑤	添田	420
⑦	藤原	420
⑧	佐藤	421
②	高橋優	412
①	城守	001
1	佐々木望	100
H	鎌田	001
1	大御堂	000
振球犠盗失併残	5130206	36129

▽三塁打　藤原、佐藤(黒)
▽二塁打　立崎(福)高橋優、松岡、高橋史、高橋蓮(黒)
▽審判　球審＝宇都宮　塁審＝高橋、菊池、杉沢
▽試合時間　2時間5分

福岡―黒沢尻北　6回裏黒沢尻北2死二塁、高橋蓮翔が右中間二塁打を放ち、8―4とする。「低く強いライナー」を打つことを意識した練習の成果を発揮し、チームで12安打を放った。捕手片野佑太、球審宇都宮

7月10日
■きたぎんボールパーク（盛岡市）

福岡	101200200	6
黒沢尻北	05010220×	10

(福)向川原、立崎―片野
(黒)城守、佐々木望、大御堂―高橋優

【評】黒沢尻北が12安打10得点で打撃戦を制した。二回に高橋優の右中間2点打などで5点を先行。四回に高橋蓮が左前打で1点、六、七回にも2点ずつ奪った。

福岡も10安打で対抗。初回は宮崎の犠飛で先制。四回に2点を奪って1点差に迫ったが、突き放された。

岩手、積極的な攻撃存分

【一関修紅】		打安点
⑧	田村	300
⑨	稲次	210
⑤	佐藤周	200
⑦	佐藤芭	100
④	千葉	100
⑥	小田	200
②	君成田	210
③	袰野	100
1	宍戸	000
H	三浦	100
①	小西	000
H	橋本	100
13	佐々木	100
振球犠盗失併残	2202213	1720

【岩手】		打安点
⑨	吉田	421
④	工藤	000
⑧	小暮	334
①	広田	321
⑥	井畑	300
⑤	釜崎	312
③	北條	100
②	斎藤	321
⑦	佐藤	210
振球犠盗失併残	3515205	22119

▽二塁打　斎藤(岩)
▽審判　球審＝下川原　塁審＝菊池、下天广、細越
▽試合時間　1時間15分

部員12人で臨む岩手は、つなぐ打線を存分に生かした。2―1の二回、四球と安打で好機をつくり、3番小暮洸二（2年）と4番広田快斗（3年）の連続適時打で3得点。三回にも6点を加えリードを広げた。

足技を絡めた攻撃も光った。出塁すると初球からスタートを切り5盗塁。高橋拓也監督は「エンドランのサインは出したけど、盗塁のサインは一度も出してない」と困惑気味。選手たち自らの判断で得点圏に進む思い切りの良さを見せた。

7月10日
■きたぎんボールパーク（盛岡市）

一関修紅	10000	1
岩手	2360×	11

（五回コールド）
(一)小西、佐々木、宍戸―君成田
(岩)広田―斎藤

【評】岩手が敵失を逃さず得点につなぎコールド勝ちした。初回は釜崎の2点中前打で先制。二回に3点を加え、三回は1死満塁から小暮の中前打に敵失が絡むなど一挙6点で畳みかけた。

一関修紅は初回2死一、三塁から稲次の本盗で先制。二回以降は1安打と振るわなかった。

7月10日
花巻球場（花巻市）

北上翔南	00010	1
一関高専	02614×	22

（五回コールド）
（北）小林―佐々木
（一）菊地―田中

【評】一関高専は四回に一挙14点を奪うなど16安打８盗塁22得点で五回コールド勝ちした。二回に高橋璃が先制の左前２点打を放ち、三回は打者一巡の猛攻で６点を奪った。

12年ぶりの夏１勝を目指した北上翔南は助っ人を含む１、２年生10人で出場。四回に小林が右前へチーム唯一のヒット。１死三塁から下瀬川の犠飛で得点した。

一関高専が10年ぶり夏白星

１年生９人を迎え17人で臨んだ一関高専が、待望の10年ぶり夏白星をつかんだ。長打６本を含む16安打で大勝。２年連続で主将を担った阿部光希（３年）は「辞めてしまう部員もいたり、苦しい時も多かったので本当にうれしい」と校歌を響かせた。

先制打の高橋璃久（３年）は「（合同で練習する）５年生がいつも励まし、支えてくれた。１年時は足を引っ張ってばかりだったので、勝利を喜んでくれたらうれしい」と笑みを広げた。

【北上翔南】	打安点
⑥ 小原	200
① 小林	210
③ 下瀬川	101
② 佐々木	200
④ 高橋功	200
⑨ 小泉	200
⑧ 高橋大	100
H 川崎	100
⑤ 八重樫	100
⑦ 高橋稜	100
振球犠盗失併残…………	
10010400	1511

【一関高専】	打安点
⑧ 高橋璃	433
④ 田上	533
⑥ 藤田	410
⑦ 佐藤将	300
① 菊地	213
③ 阿部	434
⑨ 菅原奏	213
H9及川	111
⑤ 早坂	422
② 田中	110
振球犠盗失併残…………	
5828006	301619

▽三塁打　菊地、菅原奏（一）
▽二塁打　藤田、阿部２、高橋璃（一）
▽審判　球審＝阿部　塁審＝加藤、高橋、村上
▽試合時間　１時間47分

7月10日
花巻球場（花巻市）

千　厩	01003204	10
不来方	01000000	1

（八回コールド）
（千）佐藤壮、小野寺、佐々木―菅原陽
（不）菅原、大泉―浦田

【評】千厩は打線が15安打と力を発揮した。二回に及川の左前打で先制。五回に３点、六回に２点を加えた。八回は佐野の中越え２ランなどで４点を奪いコールド勝ちを決めた。

不来方は１点を追う二回に浦田の左越え二塁打で同点としたが、追加点が奪えなかった。

千厩、勝負強さを発揮

千厩は２死から計９得点し、勝負強さを発揮した。二回の及川晟（２年）の先制打、六回の１～４番の４連打、八回の佐野博翔（３年）の２ランを含む４点はいずれも２死からの攻撃だった。

小野寺颯太主将（３年）は「チャンスこそ初球からいこうと声がけしてきた」と明かし、チームで取り組んできた「好球必打」を見事に体現した。

【不来方・大泉輝流主将（３年）】同学年は１人。心細さはあったが周りの支えがあってここまで来られた。

【千厩】	打安点
④16小野寺	631
①9佐藤壮	322
⑤ 那須	421
R5佐藤大	000
⑥1佐々木	521
⑧ 佐野	432
② 菅原陽	510
③ 及川	411
⑨7佐藤龍	300
⑦ 佐藤友	100
4 飯坂	211
振球犠盗失併残…………	
36371012	37159

【不来方】	打安点
④ 和田	300
③ 加藤	300
⑥1大泉	300
①6菅原	300
⑤ 雲足	310
② 浦田	211
⑧ 吉田	310
⑨ 鈴木	300
⑦ 米川	310
振球犠盗失併残…………	
5421407	2641

▽本塁打　佐野（千）
▽三塁打　佐野（千）
▽二塁打　佐野、小野寺、佐々木（千）浦田、雲足（不）
▽審判　球審＝小野寺　塁審＝高橋、菅原、川久保
▽試合時間　２時間13分

7月10日
花巻球場（花巻市）

花北青雲	101002013	8
盛岡商	20041021×	10

（花）佐藤琉、猫塚、佐藤琉―高橋大
（盛）大塚晋―竹村

【評】盛岡商の主戦大塚晋が158球の熱投で反撃をしのいだ。打線は同点の四回に立花の左越え三塁打などで４点を奪い、五回にも１点を追加。七、八回の追加点でエースを援護した。

花北青雲は17安打８得点。九回は藤原が左中間へ３点二塁打を放つも、及ばなかった。

【花北青雲・高橋暖主将（３年）】（計17安打を放ち、九回に一打同点まで迫る）ここまで粘れたのはチームとして成長が見えた。冬場に強化した打撃を発揮できた。

【花北青雲】	打安点
⑤ 高橋暖	512
⑧ 葛巻	520
② 高橋大	420
⑨ 新渕	531
③ 佐藤迅	411
①71佐藤琉	510
⑦ 小田島	100
17猫塚	110
H 瀬川	110
7 高橋治	110
R 藤井	000
④ 藤原	433
⑥ 武田	511
振球犠盗失併残…………	
71301010	41178

【盛岡商】	打安点
⑥ 高橋海	411
⑧ 佐藤	410
② 竹村	410
⑨ 高橋遥	410
① 大塚晋	413
③ 横山	421
⑦ 立花	411
7 大塚哲	000
④ 大道	431
⑤ 田中	111
振球犠盗失併残…………	
3737109	33128

▽三塁打　立花、横山（盛）
▽二塁打　藤原２、高橋大（花）大塚晋（盛）
▽審判　球審＝小野寺　塁審＝菅原、鈴木、上野
▽試合時間　２時間46分

7月11日
きたぎんボールパーク（盛岡市）

久慈東	010003032	9
黒沢尻工	010220000	5

（久）玉沢、小向星―中崎
（黒）佐藤柊、佐藤大、佐藤勇―山田

【評】久慈東が粘り強い戦いで逆転勝ちした。１点を追う八回に小向星の２点三塁打と三上の左犠飛で３点を奪って７―５と逆転。九回は三上の右前打などで２点を加えて勝利を引き寄せた。

黒沢尻工は四回に早川の右前２点打で勝ち越し。五回にも２点を加え５―１としたが、相手の追い上げを止められなかった。

久慈東―黒沢尻工　8回表久慈東1死一、二塁、小向星汰が右中間に三塁打を放ち、6―5と逆転する

【久慈東】	打安点
⑧7三上	413
⑥ 長谷	610
③ 黒坂	510
①8玉沢	520
② 中崎	542
⑨ 坂本	431
⑤ 舘石	100
H5長内	200
④ 桑田	200
H 西川	000
R4林崎	100
⑦1小向星	422
振球犠盗失併残…………	
45313111	39148

【黒沢尻工】	打安点
⑥ 須田	500
④ 早川	522
⑦ 高橋優	420
⑤ 佐藤瞭	510
⑧ 高橋永	410
② 山田	310
③ 菊池奏	422
① 佐藤柊	311
1 佐藤大	100
1 佐藤勇	100
⑨ 立石	530
振球犠盗失併残…………	
35113014	40135

▽本塁打　中崎（久）
▽三塁打　小向星（久）菊池奏（黒）
▽二塁打　玉沢、坂本（久）高橋優、山田（黒）
▽審判　球審＝長坂　塁審＝高橋、菅原、川村
▽試合時間　２時間40分

1回戦詳報（7月10日～11日）

【水沢一】	打安点
⑥ 織田	410
④ 千葉	520
⑤1 鈴木	423
⑧ 高橋凪	411
③ 三浦	512
② 高橋楓	410
⑦ 佐藤譲	411
① 佐藤航	200
H9 高橋大	100
⑨5 永畠	310
振球犠盗失併残 9235006	36107

【宮古】	打安点
⑧ 有谷	321
H9 木村	100
H 沢田	110
③4 由浜	412
② 箱石	410
2 中里	100
①3 赤間	411
⑨8 堀内	422
⑤ 中村	400
⑦ 田代	420
④ 上木	210
1 折祖	110
⑥ 三浦	400
振球犠盗失併残 6120207	37126

▽本塁打　三浦（水）堀内（宮）
▽二塁打　由浜（宮）
▽審判　球審＝柴田　塁審＝工藤、伊東、久池井
▽試合時間　2時間39分

水沢一 3年生、公式戦初勝利

水沢一の３年生にとって、初の公式戦勝利。高橋凪主将（３年）は「最後になんとしても勝ちたいという意地があった」と達成感に浸った。

初回に５番三浦悠太（３年）の２ランなどで３点を先行するも、五回までに６点を奪われて追いかける展開。それでも、選手17人が「何点取られても取り返すぞ」と声をかけ合う。その言葉通り、同点で迎えた九回に２点を加え試合を決めた。伊藤善親監督は「100点満点」と最大限の賛辞を贈った。

7月11日
■きたぎんボールパーク（盛岡市）

水沢一	300001202	8
宮古	130020000	6

（水）佐藤航、鈴木―高橋楓
（宮）赤間、折祖―箱石、中里

【評】水沢一は同点で迎えた九回に２点を奪い接戦を制した。織田と千葉の連打などで１死二、三塁として、鈴木の犠飛で勝ち越しに成功。高橋凪の中前打で８―６と突き放した。

宮古は二回に由浜の右越え二塁打などで４―３と逆転。五回は堀内の左越え２ランでリードを広げたが、勝ち切れなかった。

【盛岡農】	打安点
⑥ 釜石鷹	300
④ 立花	210
4 千葉	112
② 水原	500
⑤ 釜石充	531
⑨ 大上	611
③ 矢野	543
⑦ 片瀬	310
① 伊藤	601
⑧ 藤村	531
R8 坂本	100
振球犠盗失併残 110264115	42149

【遠野緑峰】	打安点
② 太田代	400
⑨49 菊池唯	410
⑥ 小松	300
④14 似田貝	400
⑤ 白木沢	422
⑧ 山口	410
③ 大石	410
①91 菊池大	400
⑦ 菊池倫	410
振球犠盗失併残 1202416	3562

▽三塁打　矢野、千葉（盛）
▽二塁打　大上、釜石充、矢野（盛）
▽審判　球審＝大和田　塁審＝多田、宇都宮、佐々木
▽試合時間　2時間43分

盛岡農、7年ぶり初戦突破

盛岡農は粘る遠野緑峰を振り切り、７年ぶりの夏１勝を手にした。

三回に、矢野空向（３年）の適時三塁打などで３点を先行。中盤に１点差まで迫られたが、終盤に地力を見せた。４安打３打点と活躍した矢野は「これまでチャンスに弱かったが、克服できたかもしれない」と照れ笑いした。

【遠野緑峰・似田貝龍主将（３年）】序盤から勢いよく試合に入れた。1、２年生がたくさん入り単独チームで出場できて本当に良かった。

7月11日
■きたぎんボールパーク（盛岡市）

盛岡農	003000324	12
遠野緑峰	000110020	4

（盛）伊藤―水原
（遠）菊池大、似田貝、菊池大―太田代

【評】盛岡農が終盤に底力を発揮した。３―２で迎えた七回以降、敵失などを絡めて９得点し一気に突き放した。七回は藤村の中前打などで３点を奪い、八回に２点、九回に４点を加えた。

遠野緑峰は０―３で追う四回に白木沢の左前適時打、五回は敵失絡みで１点をかえしたが、主導権を奪えなかった。

【盛岡一】	打安点
⑤1 安田	412
⑧ 佐藤	300
H7 小谷地	100
⑦ 金野	001
H78 本宮	200
⑥ 畠山瑞	311
② 千葉	545
④ 坂本	311
⑨ 高橋	521
③ 笹木	533
① 松山	101
15 川崎	333
振球犠盗失併残 615502211	351518

【福岡工】	打安点
⑥5 山下	544
⑧ 小姓堂	523
⑨ 米田	510
② 古舘琥	520
⑦ 上屋敷	531
④1 高田	523
①6 工藤	521
③ 小笠原	430
⑤4 古舘渓	200
H4 安堵城	100
振球犠盗失併残 8010207	421912

▽本塁打　千葉（盛）山下（福）
▽三塁打　山下（福）
▽二塁打　坂本、千葉、川崎、笹木（盛）上屋敷２、工藤、小笠原、小姓堂（福）
▽審判　球審＝菅原　塁審＝那須野、伊藤、芳賀
▽試合時間　2時間36分

【福岡工・古舘琥太朗主将（３年）】（来春に一戸との統合を控え）福岡工のユニホームで戦う最後の夏で、絶対に勝ちたかった。九回まで戦いたかった。

7月11日
■花巻球場（花巻市）

盛岡一	10 0 0 0 2 0 0 4 4	20
福岡工	22100241	12

（八回コールド）
（盛）松山、川崎、安田―千葉
（福）工藤、高田―古舘琥

【評】盛岡一が両軍合わせて34安打32得点の乱打戦を制した。初回に５番千葉の左越え３ランなど打者15人の猛攻で一挙10点。５点差に迫られた直後の七回に４点、八回にも４点を加え、コールド勝ちに持ち込んだ。

福岡工は相手を上回る19安打。山下の初回先頭打者弾など三回まで毎回得点で反撃。六～八回も得点を重ねて粘った。

【江南義塾盛岡】	打安点
④83 亀沢	320
①6 田沢	400
⑧1 作山	410
③8 神林	310
⑨ 大坪	200
⑥4 細川	200
⑤ 高橋武	210
② 吉田	200
⑦ 高橋翔	300
振球犠盗失併残 4320103	2550

【北三陸連合】	打安点
⑥8 三浦	330
② 林郷善	202
①6 細越	410
⑧1 中村	410
④ 高屋敷	400
⑤ 林郷瑠	100
⑨ 須田	410
③ 福島	300
⑦ 池田	300
振球犠盗失併残 5522129	2862

▽審判　球審＝伊藤　塁審＝菊池、平子、照井
▽試合時間　2時間2分

北三陸連合、無失点リレー

北三陸連合はタッグを組む大野、久慈工の投手２人の「零封リレー」で勝利をつかんだ。

エース細越以真主将（大野３年）は、コースを丁寧に突き７回⅔で被安打５。「初回の先制点でスイッチが入った」と打線に感謝した。

勝利をたたえ球場に流れたのは久慈工の校歌。八回途中から継投した中村透吾（久慈工３年）は、「連合チームで勝ったことで久しぶりに校歌が流れた。先生や支えてくれた方に届けられて、うれしい」と笑顔を見せた。

7月11日
■花巻球場（花巻市）

江南義塾盛岡	000000000	0
北三陸連合	11000000×	2

（江）田沢、作山―吉田
（北）細越、中村―林郷善

【評】北三陸連合は初回無死三塁から林郷善の右犠飛で先制。二回２死満塁から押し出し四球で２―０とした。主戦細越が打たせて取る投球で八回途中まで無失点と好投。中村に継投し零封した。

江南義塾盛岡は１番亀沢が初回に絶妙なバント安打を決めるなど２安打。二回途中から登板した作山が無失点で踏ん張った。

7月13日

きたぎんボールパーク(盛岡市)

花巻東	0421031	11
盛岡市立	1000000	1

(七回コールド)
(花)阿部、中屋敷、晴山、北條―小林
(盛)若狭、中村―藤村

【評】花巻東が集中打で得点を重ね七回コールド勝ち。先制された直後の二回、小林と広内の連続二塁打などで４点を挙げて逆転。三回以降も優位に試合を進めた。

盛岡市立は初回、１番野田の左前打を足がかりに１死三塁とし、吉田の中前打で先制した。しかし二回以降は花巻東投手陣を攻略できなかった。

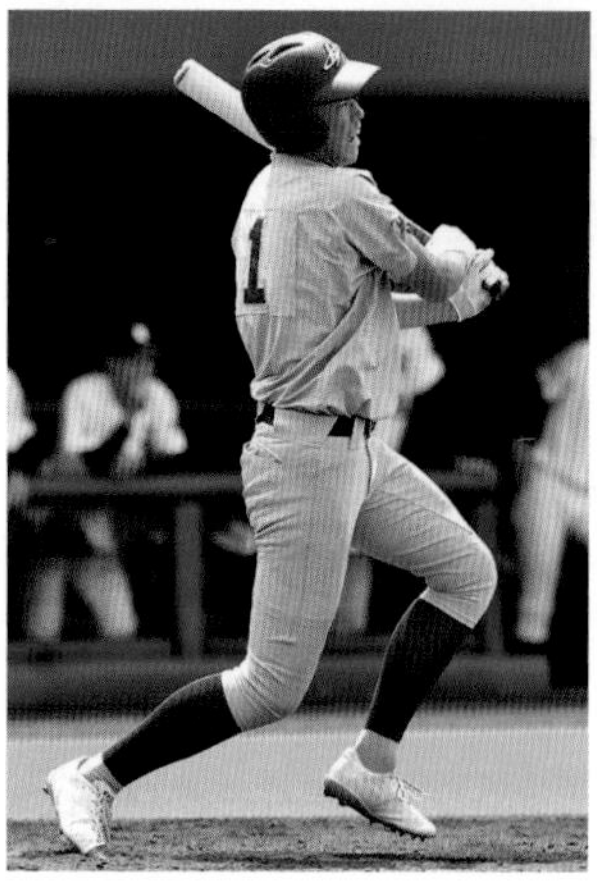

花巻東―盛岡市立　６回表花巻東１死二塁、北條慎治が左越え二塁打を放ち、10―1とする。４番手として投手でも登板。最速１４５㌔の直球で押し、勝利に貢献した

【花巻東】		打安点
⑧	広内	431
⑥	熊谷	421
③	佐々木麟	410
④	千葉	322
⑦1	北條	311
⑨	今野	210
H	佐藤	100
9	佐々木唯	000
H	寿時	100
9	簗田	000
⑤1	晴山	421
7	及川	000
①	阿部	200
1	中屋敷	100
5	堀川	000
②	小林	312
振球犠盗失併残	4523007	32138

【盛岡市立】		打安点
⑦	野田	210
36	中野	000
④	田村	300
③5	吉田	211
②	藤村	300
⑥	大山	200
3	菅原	100
⑤7	西村	300
⑨	田上	200
⑧	天瀬	100
H	小上	100
①	若狭	200
1	中村	000
振球犠盗失併残	4400304	2221

▽二塁打　小林、広内、北條(花)
▽審判　球審＝三浦　塁審＝菅野、渡、野露
▽試合時間　２時間４分

7月13日

きたぎんボールパーク(盛岡市)

一関学院	11103003	9
盛岡中央	00000001	1

(八回コールド)
(一)高橋、寺尾、小山―小原、梅田
(盛)千田、宮野、北田、白畑―小笠原

【評】一関学院がつなぐ打撃で16安打を放ちコールド勝ち。初回は梅田の先制左前打、二回は原田の左中間二塁打、三回は犠飛で１点ずつ奪った。八回は菅野千の右中間ソロなどで３点を加えた。

盛岡中央は４安打で攻め手を欠いた。八回無死二、三塁から、大坊の３安打目となる右前打で１点を奪った。

一関学院、「つなぐ打線」本領

前回王者・一関学院の「つなぐ打線」に磨きがかかった。短打で好機をつくり、二塁打７本、本塁打１本の長打で９得点。五回に左越え適時二塁打を放った小野唯斗(３年)は「進塁打でも敵失でもチームのためにと思って打席に立ったことが結果につながった」と３安打を放ち、気を吐いた。

【盛岡中央・小笠原愛輝主将(３年)】最後の最後にこのチームの執念を発揮できた。きつい練習を積み重ねてきたから１点をかえせたと思う。

【一関学院】		打安点
⑧	菅野千	531
⑥	原田	421
②3	小原	410
③2	梅田	431
⑨	小野唯	531
⑤	佐藤	313
⑦	小沢	100
H7	山内	421
④	村上	300
①	高橋	311
H	小野寺	100
1	寺尾	000
1	小山	000
振球犠盗失併残	23311110	37169

【盛岡中央】		打安点
⑧	大坊	431
⑥	立花	300
⑨	磯野	300
⑦	佐々木優	300
③	西山	200
1	北田	000
H	立花	000
1	白畑	000
④	小山	300
②	小笠原	300
①	千田	000
H	佐々木元	100
1	宮野	000
H3	和賀	210
⑤	田代	200
振球犠盗失併残	7310115	2641

▽本塁打　菅野(一)
▽二塁打　原田、菅野、
梅田、小野唯、高橋、山内、佐藤(一) 大坊(盛)
▽審判　球審＝小野　塁審＝菩提野、伊藤、三浦
▽試合時間　２時間24分(中断11分)

7月13日

きたぎんボールパーク(盛岡市)

水沢	001000001	2
盛岡誠桜	000200001x	3

(水)小野寺、藤沢―松本
(盛)高橋―川倉

【評】盛岡誠桜が九回１死二塁から９番松谷の左中間二塁打でサヨナラ勝ちした。０―１の四回に川倉のスクイズなどで２点を奪い逆転。主戦高橋が13奪三振、２失点で踏ん張り完投した。

水沢は三回に佐々木洸の内野安打で先制。九回は代打菅野が右越え三塁打、続く代打千葉柊の右前打で追いつく粘りを見せた。

盛岡誠桜、劇的勝利呼ぶ13K

盛岡誠桜は、主戦・高橋脩(３年)の粘りの投球が、劇的勝利につながった。右横手から伸びのある直球と変化球を外角に集めて13奪三振。九回に連打を浴びて同点にされたが、マウンドを守り抜き「自分が抑えるしかないと思って投げ続けた。改めて夏の怖さを実感した」と息をついた。

【水沢・松本貫太主将(３年)】(最終回に代打攻勢で追いつくも及ばず)この仲間ともう野球ができないことが考えられない。あっという間の３年間だった。

【水沢】		打安点
⑧	浦川	410
③1	藤沢	310
⑦	千葉陽	410
⑤	佐々木洸	421
⑨3	佐々木汰	410
④	菊地	300
②	松本	400
⑥	高橋	300
H6	菅野	110
①	小野寺	300
H9	千葉柊	111
振球犠盗失併残	13310109	3482

【盛岡誠桜】		打安点
⑦	田中	400
⑥	藤田	310
⑧	倉野	200
①	高橋	410
⑨	佐々木創	310
⑤	関谷	210
5	今	100
③	和嶋	420
②	川倉	201
④	松谷	421
振球犠盗失併残	2341108	2982

▽三塁打　菅野(水)
▽二塁打　松谷(盛)
▽審判　球審＝伊藤　塁審＝宇都宮、高橋、工藤
▽試合時間　２時間28分(中断９分)

7月13日

花巻球場(花巻市)

花巻北	0001000101	3
水沢商	0011000002x	4

(延長十回タイブレーク)
(花)小原慶―宮野
(水)菊地、千葉孔―及川

【評】水沢商が延長タイブレークを制した。１点を追う十回、敵失で同点とし、高橋叶の右前打で逆転サヨナラ勝ちした。菊地が九回途中２失点と好投し、千葉孔との継投策が決まり勝利を呼び込んだ。

花巻北は八回に根子の中前打で同点に追いつき、十回は伊藤望の犠飛で一時リードを奪った。小原慶は151球を投げ抜いた。

花巻北、成果示した12安打

花巻北は主戦左腕の小原慶人(３年)が緩急巧みに151球を投げ抜き、打線も相手を上回る12安打を放って援護。十回タイブレークの末、惜しくも勝利に届かなかった。

七回無死一、三塁のピンチを無失点で切り抜けると、直後の八回に根子雄成(３年)の中前打で同点とした。初戦に続く２桁安打は、冬場のトレーニングの成果。川原友真主将(３年)は「パワーアップした打撃は出せたが、序盤であと一本出したかった」と13残塁を悔やんだ。

【花巻北】		打安点
⑥	川原	530
④	照井	100
⑤	高橋愛	510
②	宮野	520
⑧	小原諒	510
①	小原慶	520
⑦	伊藤望	322
③	根子	511
⑨	小原拓	400
振球犠盗失併残	51513013	38123

【水沢商】		打安点
⑤	千田	300
⑥	沼倉	400
③	千葉俊	421
②	及川	500
④	高橋叶	521
⑧	五嶋	210
⑦	原田	310
①9	菊地	400
⑨	佐々木	100
1	千葉孔	000
振球犠盗失併残	94602011	3162

▽二塁打　川原(花)千葉俊２(水)
▽審判　球審＝今野　塁審＝高橋、菅原、須藤
▽試合時間　２時間37分

2回戦詳報（7月13日～14日）

【一関一】

		打安点
⑥	佐々木	421
⑦	後藤	510
⑧	中川	520
②	岩渕隼	500
③	斉藤	520
④	宮崎	300
⑨	小野寺毅	310
H	熊谷	000
9	千葉	000
⑤	小野寺蓮	431
①	小野寺健	100
1	菅原	100
振球犠盗失併残…………		
93210011		36112

【大東】

		打安点
⑥	菅原球	522
⑦17	千葉	522
⑧	鳥畑	300
⑤	菊池陽	411
5	佐藤	000
③	菅原朝	421
①71	伊藤	310
⑨	菅原慶	310
9	金野	000
④	菊池巧	300
②	小島	330
振球犠盗失併残…………		
3231108		33126

▽三塁打　中川(一)
▽二塁打　小野寺毅、小野寺蓮(一) 菅原球(大)
▽審判　球審＝昆　塁審＝小野寺、加倉、芳賀
▽試合時間　2時間12分

大東、特訓実り春のリベンジ

大東が春のリベンジを果たした。春季地区予選では飛球の多さが目立ち、一関一に敗戦。克服に向け青柳伸二監督は練習試合で「フライアウトの数だけポール間ランニング」の特訓を課した。得点と併殺完成などで本数が減るボーナス付きだが、多い時は10本を超えた。

この日は、五回に打者一巡で５安打を集めるなど計12安打。２安打２打点の菅原球磨（２年）は「ライナー性の打球が増えた。今までにないぐらいうれしい」と達成感に浸った。

7月13日
花巻球場（花巻市）

一関一	000010020	3
大東	00005001×	6

(一) 小野寺健、菅原―岩渕隼
(大) 伊藤、千葉、伊藤―小島

【評】大東が五回に打者10人で５点を奪い主導権を握った。１死満塁から菅原球、千葉の連続タイムリーで逆転。さらに菊池陽、菅原朝の連打で５－１とした。２点差に詰め寄られた八回には菅原球の左翼線二塁打で突き放した。

一関一は五回に佐々木が右前先制打。八回に２点をかえし、九回も無死一、二塁の好機をつくったが、あと一打が出なかった。

【盛岡工】

		打安点
⑧1	細川	421
⑨8	大志田	321
①9	舘山	400
③	米沢	300
H3	山本	110
⑦	山田	400
⑥	藤島	400
④	佐藤南	310
②	打野	110
H	石倉	110
R	朝賀	000
⑤	坂本	200
H	桜小路	100
振球犠盗失併残…………		
6230107		3182

【一関工】

		打安点
③	大森	410
⑦	小原	210
⑥	阿部	200
⑧	小林	422
①	佐藤湊	300
1	立石	100
④	船山	410
②	佐藤俊	100
⑨	千葉卓	300
⑤	木村	200
H	高橋	100
5	小山	000
振球犠盗失併残…………		
7531008		2752

▽本塁打　大志田(盛)
▽二塁打　大森(一)
▽審判　球審＝伊藤　塁審＝川村、熊谷、菅原
▽試合時間　2時間1分

盛岡工―一関工　８回裏一関工２死一、二塁、船山快の内野安打で二走小林志縁（８）が生還。３―２と勝ち越し、盛り上がるベンチ

7月13日
花巻球場（花巻市）

盛岡工	000010010	2
一関工	00000102×	3

(盛) 舘山、細川―打野
(一) 佐藤湊、立石―佐藤俊

【評】一関工が１―２で追う八回１死二、三塁から小林の左前打で追いつき、船山の内野安打で二走が生還し、逆転勝ちした。佐藤湊が八回途中２失点で試合をつくり、主戦左腕立石が最後を締めた。

盛岡工は五回に細川の右前打で先制。八回は大志田が左越えソロを放つなど優位に進めたが、反撃をしのげなかった。

【盛岡三】

		打安点
⑤	松田	531
⑧	菊地	310
⑥	駒井	433
⑦	阿部	300
③	鈴木	411
R	渡辺	000
4	夏屋	000
②	田村	410
⑨	玉川	401
①	藤原	200
1	要永	000
H	橋本	100
43	沢田	100
④	村上	200
H	平沢	000
1	平林	100
振球犠盗失併残…………		
2315017		3496

【一関高専】

		打安点
⑧	高橋璃	300
④	田上	310
⑥	藤田	300
⑦	佐藤将	300
①	菊地	300
③	阿部	310
⑨	菅原奏	300
⑤	早坂	300
②	田中	100
振球犠盗失併残…………		
11100402		2520

▽二塁打　松田2、駒井、鈴木(盛)
▽審判　球審＝佐々木　塁審＝阿部、高橋、塩原
▽試合時間　1時間45分

盛岡三―一関高専　３回表盛岡三無死二、三塁、３番駒井優樹が右翼へ２点適時打を放ち、３―０とする。この回一挙５点を奪ってリードを広げ、ファーストストライクを積極的に狙う姿勢が光った

7月14日
きたぎんボールパーク（盛岡市）

盛岡三	10500001	7
一関高専	00000000	0

（八回コールド）
(盛) 藤原、要永、平林―田村
(一) 菊地―田中

【評】盛岡三は序盤の攻勢でリードし、コールド勝ちした。初回に駒井が先制二塁打を放ち、三回は駒井の右前２点打、鈴木の左越え二塁打などで５点を加えた。八回に松田の適時内野安打で７―０とした。

一関高専は２安打と苦戦。四回に田上が中堅へチーム初安打を放ったが、終盤は走者を出せなかった。

【盛岡四】

		打安点
②	鳥谷部	310
⑧	佐々木慎	510
④	村松	500
⑥	藤沢	210
⑨	室野	301
③	尾崎	400
⑤	杉田	210
①	佐藤諒	300
1	桜田	100
⑦	岩城	300
振球犠盗失併残…………		
56231210		3141

【遠野】

		打安点
⑧	藤川	520
④	佐々木脩	420
⑤	畑山	410
③	山口颯	400
⑨	菊池児	410
⑦	伊藤	310
⑥	菊池流	320
②	佐々木裕	300
①	末崎	000
1	菊池海	100
H	留場	100
1	太田	200
振球犠盗失併残…………		
10304419		3490

▽二塁打　藤川(遠)
▽審判　球審＝泉田　塁審＝佐々木、菊地、高橋
▽試合時間　2時間11分

盛岡四、初回の２点守り抜く

盛岡四投手陣が最少失点に抑え、勝利をたぐり寄せた。先発佐藤諒士（３年）はコーナーに力強い直球とスライダーを投げ、６回を１失点と好投。七回から登板した主戦桜田絢（３年）は二塁を踏ませず４奪三振。危なげない投球で試合を締めくくった。

佐藤はセットポジションを長く保ってタイミングを変えるなど、落ち着いたマウンドさばきを見せた。「どんな場面でも焦ることはなかった。低めに集めて打ち取ることができた」と胸を張った。

7月14日
きたぎんボールパーク（盛岡市）

盛岡四	200000000	2
遠野	000001000	1

(盛) 佐藤諒、桜田―鳥谷部
(遠) 末崎、菊池海、太田―佐々木裕

【評】盛岡四が初回の２点を守り抜き、競り合いを制した。１死二、三塁から藤沢のスクイズが敵失を誘う間に先制。室野の犠飛で２―０とした。先発佐藤諒が６回１失点、主戦桜田が３回を締めた。

遠野は相手を上回る９安打を放ったが、六回２死一、三塁から重盗でもぎ取った１点にとどまった。

7月14日

きたぎんボールパーク（盛岡市）

水沢工	110013001	7
高田	000000000	0

（水）森岡―斉藤
（高）菅野、伊藤、千葉来、菅野―横沢

【評】水沢工が単打17本で小刻みに加点し押し切った。初回に４番佐藤琉の中前打で先制。二、五回に１点ずつ加え、六回は佐藤琉の右前打、森岡の左前打などで３点を奪い、６―０と突き放した。

高田は打線が５安打、10三振と苦しんだ。初回、近江と菅野の連打で好機をつくったが、無得点で後手に回った。

水沢工―高田　３安打２打点と活躍した水沢工の森岡琉依。投げては５安打10三振に抑え完封した

【水沢工】

		打安点
⑨	伊藤	410
9	山崎	000
④	及川塁	540
⑥	鈴木塁	111
6	三沢	310
③	佐藤琉	643
⑦	鈴木重	320
H	阿部	100
7	菊池	100
②	斉藤	201
⑤	稲葉	410
①	森岡	532
⑧	橋階	500
振球犠盗失併残	76422016	40177

【高田】

		打安点
⑥	大和田	420
⑨	近江	410
①71	菅野	410
③	戸刺	400
②	横沢	410
⑧	千葉葵	200
H8	菊池	200
④	及川	400
⑤	佐藤温	300
⑦	佐藤優	000
1	伊藤	200
1	千葉来	100
H	熊谷大	000
7	児玉	000
振球犠盗失併残	10000217	3450

▽二塁打　大和田（高）
▽審判　球審＝佐藤　塁審＝小野寺、宇都宮、柴田
▽試合時間　３時間12分

7月14日

花巻球場（花巻市）

大船渡東・住田	100020010	4
一関二	02040000×	6

（大）紺野、斉藤―上野
（一）菅原錬、三浦―小岩

【評】一関二が相手のミスを逃さず着実に得点を重ねて競り勝った。二回２死一、二塁から小岩の右越え三塁打で２―１と逆転。四回は真籠の左前適時打、敵失なども絡み４点を奪いリードを広げた。

大船渡東・住田は初回に斉藤の犠飛で先制。五回は斉藤、今川の連続適時打で２点、八回も１点をかえして詰め寄った。

一関二、猛追振り切る

一関二は０―１の二回、変化球を捉えた小岩倫太郎（３年）の２点右越え三塁打で逆転。四回は３連打と敵失で６―１と点差を広げた。

だが五回以降、毎回走者を出すも追加点を奪えない。じりじりと追い上げられ、八回には２点差に。嫌な流れになったが、選手は「切り替えよう」「絶対抑えるぞ」と声を出し続ける。三回からマウンドに上がった三浦大人（３年）と小岩のバッテリーを中心に、大船渡東・住田の反撃をしのぎ切った。

【大船渡東・住田】

		打安点
⑥	金野	510
⑦5	佐々木	200
⑤1	斉藤	422
⑨	今川	311
②	上野	410
⑧	千葉	400
③	菊池	400
①7	紺野	431
④	菊地	300
振球犠盗失併残	3430309	3384

【一関二】

		打安点
②	小岩	422
⑧	佐藤駿	500
⑤	千田	510
③	吉田	300
⑦	勝部塁	200
H7	佐藤聡	100
⑨	山田	300
H9	阿部	110
⑥	佐藤真	200
①	菅原錬	110
R	菅原魁	000
1	三浦	310
④	真籠	221
振球犠盗失併残	4611109	3283

▽三塁打　小岩（一）
▽審判　球審＝瀬川　塁審＝本多、長坂、菊池
▽試合時間　２時間22分

7月14日

花巻球場（花巻市）

千厩	000120000	3
黒沢尻北	101000002x	4

（千）佐々木―菅原陽
（黒）城守、加瀬谷―高橋優

【評】黒沢尻北が九回に２点を奪い逆転サヨナラ勝ち。２死三塁から加瀬谷が左中間へ同点二塁打を放ち、さらに藤原が中前打で勝負を決めた。高橋蓮が初回に先制打、三回には右前適時打を放った。

千厩は四回、菅原陽の左前打で１点を入れ、五回は佐藤壮の２点打で３―２と逆転。佐々木が122球の力投を見せたが最後に力尽きた。

黒沢尻北、結束の逆転サヨナラ

黒沢尻北が土壇場で劇的な勝利を収めた。スタンドで伝統応援「ジガモガハ」が響く中、九回に加瀬谷力輝（３年）の二塁打で３－３の同点とし、さらに２死一、二塁のチャンス。打席で緊張していたという藤原航（３年）だが、一走松岡直幸（３年）から「肩の力を抜け」、ベンチからは「スマイル」の声が飛んだ。

仲間の思いに応えるように、フルカウントから狙い通りに直球を振り抜くと、打球は中前へ。殊勲の一打を放った藤原は「全員の力で打てた。感謝しかない」と喜びをかみしめていた。

【千厩】

		打安点
⑥	小野寺	410
⑦	佐藤龍	420
⑨	佐藤壮	412
①	佐々木	300
⑧	佐野	400
②	菅原陽	411
③	及川	410
⑤	佐藤大	300
④	飯坂	210
振球犠盗失併残	5300105	3273

【黒沢尻北】

		打安点
⑥	松岡	200
⑦	藤原	521
⑨	高橋史	420
③	高橋蓮	422
⑤	添田	300
H	鎌田	100
5	藤村	000
⑧	佐藤	420
④	加藤	100
H4	江本	100
②	高橋優	400
①	城守	100
H	高橋蒼	110
1	加瀬谷	111
振球犠盗失併残	4330108	32104

▽二塁打　佐藤、加瀬谷（黒）
▽審判　球審＝菅野　塁審＝菅原、沢田、泉田
▽試合時間　２時間10分

7月14日

花巻球場（花巻市）

岩手	00010010	2
盛岡商	00110241x	9

（八回コールド）
（岩）広田、小暮―斎藤
（盛）菅原、大塚晋―竹村

【評】盛岡商が七回に４番高橋遥の左越え２ランなどで一挙４点を奪い、主導権を渡さず八回コールド勝ち。四回は菅原の左中間適時二塁打で勝ち越し、六回は立花の左翼線二塁打などで２点を加えた。

岩手は相手を上回る11安打。四回に吉田の左中間適時二塁打、七回は１死一、三塁から内野ゴロの間に１点をかえした。

岩手―盛岡商　７回裏盛岡商無死一塁、４番高橋遥都が左越え本塁打を放ち、６―２と突き放す。捕手斎藤健太、球審千葉

【岩手】

		打安点
⑨	吉田	421
④	工藤	420
⑧1	小暮	410
①3	広田	210
⑥	井畑	411
⑤	釜崎	210
③8	北條	200
②	斎藤	410
⑦	佐藤	420
7	栃沢	000
振球犠盗失併残	16114011	30112

【盛岡商】

		打安点
⑥	高橋海	300
⑧	佐藤	400
②	竹村	210
⑨	高橋遥	312
③	横山	410
①	菅原	321
1	大塚晋	000
⑦	立花	311
④	大道	300
⑤	田中	321
振球犠盗失併残	4824017	2885

▽本塁打　高橋遥（盛）
▽二塁打　工藤、吉田（岩）菅原、立花（盛）
▽審判　球審＝千葉　塁審＝山崎、細川、杉沢
▽試合時間　２時間９分

2回戦詳報（7月14日～17日）

【大船渡】		打安点
⑥	今野	401
⑧1	佐々木怜	310
⑤	三条	200
R5	熊谷成	100
①3	上野	420
⑨2	及川	324
⑦	熊谷大	211
H7	芳賀	200
③	須藤	200
H	大森	110
19	山本	000
②	志田	320
8	梅沢	000
④	吉田	210
H4	臼井	100
振球犠盗失併残	1214005	30106

【盛岡農】		打安点
⑥	釜石鷹	300
④	立花	300
③	矢野	210
⑤	釜石充	300
②	大上	300
⑦	片瀬	310
⑧	藤村	200
⑨	坂本	100
①	伊藤	200
振球犠盗失併残	3200103	2220

▽本塁打　及川(大)
▽二塁打　佐々木怜、上野(大)
▽審判　球審＝里見　塁審＝熊谷、山崎、下天广
▽試合時間　1時間29分

大船渡―盛岡農　6回表大船渡無死二、三塁、5番及川駿が初球を振り抜いて右越え3ランを放ち、6―0と突き放す

7月17日
■きたぎんボールパーク（盛岡市）

大船渡	0002131	7
盛岡農	0000000	0

（七回コールド）
(大)上野、山本、佐々木怜―志田、及川
(盛)伊藤―大上

【評】大船渡が中盤の集中打で得点を重ね七回コールド勝ち。四回に重盗と熊谷大の中前打で2点、五回にも1点を加えリードした。5番及川が六回に右越え3ラン、七回に中前適時打を放って突き放した。
　盛岡農は打線が散発2安打で無得点に終わった。初回に矢野が中前打、七回に片瀬が左前打を放ったが、つながらなかった。

【久慈】		打安点
⑥	川端	300
H6	西野	200
④	宇部智	400
⑧	坂本	200
8	大沢	100
③	和野	311
⑤	野田口	211
⑨	遠藤	410
⑦	佐々木	410
②	米田	322
①	下曽根	400
振球犠盗失併残	7320205	3264

【専大北上】		打安点
⑧	桐原	531
⑨	高橋	400
③	千田	410
31	江川	100
⑦	坂本	420
⑤	斉藤	200
④	川崎	521
②	近藤	412
①	板垣	200
1	杉山優風	000
H	松下	110
R	市村	000
3	杉山優空	000
⑥	辻野	300
振球犠盗失併残	75310113	35104

▽本塁打　和野(久)
▽二塁打　米田(久) 坂本(専)
▽審判　球審＝木村　塁審＝高橋、大和田、菊池
▽試合時間　2時間46分

専大北上、十回激闘制す

　専大北上が激闘を制し、7年ぶりに夏1勝を手にした。
　十回は無死一、二塁から始まるタイブレーク。先頭の川崎海璃（3年）のバント安打が効いた。及川将史監督からは「ノーサイン」。「自分も生きて無死満塁にした方が相手にプレッシャーがかかる」―。狙い通りに三塁線へ完璧に決め、サヨナラ劇を呼び込んだ。

【久慈・下曽根悠誠（3年）】（主戦として169球の熱投）この試合、一人一人が信頼し合って戦えたことに悔いはない。

7月17日
■きたぎんボールパーク（盛岡市）

久慈	1000200010	4
専大北上	0120000011x	5

（延長十回タイブレーク）
(久)下曽根―米田
(専)板垣、杉山優風、江川―近藤

【評】専大北上が延長十回タイブレークの熱戦を制した。無死満塁から近藤が中堅へサヨナラ打を放った。3―4で追う九回1死三塁から桐原の右前打で同点に追いつき、試合の流れを引き寄せた。
　久慈は九回に4番和野が左中間ソロを放って勝ち越しに成功したが、延長戦に持ち込まれたのが痛かった。

【久慈東】		打安点
⑧7	三上	530
⑥	長谷	312
②	中崎	510
①8	玉沢	510
③	黒坂	510
⑨	坂本	200
④	桑田	310
⑤	舘石	332
⑦1	小向星	411
振球犠盗失併残	1240109	35125

【盛岡一】		打安点
⑤1	安田	543
⑧	佐藤	522
⑦	金野	400
⑥	畠山瑞	310
②	千葉	411
④	坂本	420
⑨	高橋	200
③	笹木	400
①5	川崎	300
振球犠盗失併残	3220006	34106

▽三塁打　三上(久)
▽二塁打　三上、舘石(久) 佐藤2、畠山瑞、安田2(盛)
▽審判　球審＝佐久間　塁審＝加倉、三浦、及川、伊藤
▽試合時間　2時間18分

盛岡一、1年生がサヨナラ演出

　盛岡一は、背番号18の安田圭吾（1年）が投打で奮闘。九回2死から左翼への二塁打で出塁してサヨナラ勝ちを演出。この試合4安打3打点と大きく貢献した。
　投手では、同点とされた後の六回2死一、三塁で救援。右飛で窮地を乗り切り、七回以降も丁寧な投球で追加点を許さなかった。
　九回に中越え二塁打で決着をつけた佐藤孝大（3年）は「1年生が頑張ってくれていたので、3年生でカバーしようと思った」と、満面の笑みを浮かべた。

7月17日
■花巻球場（花巻市）

久慈東	010112000	5
盛岡一	001400001x	6

(久)玉沢、小向星―中崎
(盛)川崎、安田―千葉

【評】盛岡一が同点の九回2死から安田、佐藤の連続二塁打でサヨナラ勝ち。四回は千葉の中前適時打、安田の右越え3点二塁打で4点を奪い、5―2と逆転に成功。安田は救援でも好投した。
　久慈東は2―5で追う五回に1点をかえし、六回は小向星と長谷の適時打で試合を振り出しに戻したが、あと一歩だった。

【水沢一】		打安点
⑥4	織田	300
④9	千葉	320
⑤6	鈴木	311
⑧	高橋凪	332
③	三浦	311
②	高橋楓	320
⑦	佐藤譲	312
1	小野寺	000
①5	佐藤航	321
⑨7	永畠	322
振球犠盗失併残	4000012	27149

【北三陸連合】		打安点
⑤86	三浦	200
②	林郷善	200
⑥1	細越	110
⑧18	中村	210
④	高屋敷	200
①5	林郷瑠	200
③	福島	210
⑨	須田	200
⑦	池田	200
振球犠盗失併残	1101113	1730

▽三塁打　鈴木、高橋凪(水)
▽二塁打　千葉、佐藤譲(水)
▽審判　球審＝鈴木　塁審＝伊藤、菅野、本多
▽試合時間　1時間21分

水沢一―北三陸連合　1回表水沢一1死三塁、高橋凪主将が右越え三塁打を放ち、2―0とする。水沢一はコールド勝ちで6年ぶりの16強入りを決めた

7月17日
■花巻球場（花巻市）

水沢一	30034	10
北三陸連合	00000	0

（五回コールド）
(水)佐藤航、小野寺―高橋楓
(北)林郷瑠、中村、細越―林郷善

【評】水沢一が14安打10得点の猛攻で五回コールド勝ち。初回に鈴木、高橋凪の連続三塁打などで3点を先制。四回は三浦の左前打、永畠の2点中前打で3点、五回にも4点を追加し、押し切った。
　北三陸連合は四回に細越、中村の連打で1死一、二塁としたが無得点に終わり、反撃の糸口をつかめなかった。

7月20日
■きたぎんボールパーク（盛岡市）

花巻東	000000200 03	5
水沢商	110000000 00	2

（延長十一回タイブレーク）
（花）熊谷、中屋敷、小松、熊谷―小林
（水）菊地―及川

【評】花巻東が延長タイブレークの十一回、久慈の右中間２点三塁打と小林の適時打で３点を奪い、激戦を制した。七回に北條が左中間へ同点２ラン。先発熊谷が延長十回から再登板し、無失点でしのいだ。

水沢商は相手を上回る９安打を放つも、十回の三者凡退が痛かった。主戦菊地は緩急を生かして135球を投げ抜いた。

花巻東、好守備が呼んだ逆転劇

延長十回、先攻の花巻東が勝負に出た。背中の張りでベンチスタートだった佐々木麟太郎（３年）を代打で起用する。しかし空振り三振。無得点に終わり、サヨナラ負けの土俵際に追い詰められた。

窮地を救ったのは、裏に再登板した熊谷陸（３年）だ。「何度も練習してきた」という三塁側バントを、華麗にさばき三塁封殺。無失点で切り抜け、十一回の攻撃につないだ。「あのフィールディングに尽きる」と佐々木洋監督がたたえた好プレーが、逆転の流れを呼び込んだ。

【花巻東】		打安点
⑨	久　慈	522
②	小　林	521
①61	熊　谷	510
④	千　葉	200
⑦	北　條	512
⑥35	晴　山	400
③	今　野	100
1	中屋敷	200
1	小　松	000
H3	佐々木麟	100
⑤	堀　川	200
H	寿　時	100
6	簗　田	000
⑧	広　内	310
振球犠盗失併残	2412107	3675

【水沢商】		打安点
⑤	千　田	631
⑥	沼　倉	420
③	千葉俊	400
②	及　川	310
④	高橋叶	310
⑧	五　嶋	410
⑦	原　田	400
①	菊　地	510
⑨	佐々木	400
振球犠盗失併残	125410315	3791

▽本塁打　北條（花）
▽三塁打　久慈（花）
▽二塁打　熊谷（花）
▽審判　球審＝馬渕
　塁審＝三浦、熊谷、菅野
▽試合時間　２時間46分

7月20日
■きたぎんボールパーク（盛岡市）

大　東	0010300	4
一関学院	0001064x	11

（七回コールド）
（大）伊藤、千葉、伊藤―小島
（一）寺尾、小野涼―梅田、小原

【評】一関学院が集中打で劣勢をはね返し、大量点で七回コールド勝ちした。１―４で追う六回に佐藤の中前２点打、山内の左前打など６安打で６点を奪い逆転。七回に４点を追加した。

大東は三回に菅原球の右中間三塁打で先制。五回は菅原球の２点左前打などで４―１と先行したが、勝ち切れなかった。

大東―一関学院　６回裏一関学院１死二、三塁、５番佐藤駿が３―４とする２点中前打を放ち、ガッツポーズで一塁に向かう。この回に６安打を集めて一挙６得点し、試合をひっくり返した

【大東】		打安点
⑥	菅原球	323
⑦17	千　葉	300
⑧	鳥　畑	300
⑤	菊池陽	300
③	菅原朝	310
①71	伊　藤	310
④	菊池巧	320
⑨	金　野	311
②	小　島	200
振球犠盗失併残	4100002	2674

【一関学院】		打安点
⑥	原　田	411
⑧	菅野千	410
②3	梅　田	420
⑨	小野唯	431
⑤	佐　藤	322
③2	小　原	211
⑦	山　内	423
④	村　上	312
①	寺　尾	100
1	小野涼	211
振球犠盗失併残	1221024	311411

▽三塁打　菅原球（大）小野涼（一）
▽二塁打　伊藤（大）梅田、小野唯、菅野千、山内（一）
▽審判　球審＝渡　塁審＝湊、宇都宮、泉田
▽試合時間　１時間55分

7月20日
■花巻球場（花巻市）

一関工	0000000	0
盛岡誠桜	100033×	7

（七回コールド）
（一）佐藤湊、立石、小野寺―佐藤俊
（盛）高橋―川倉

【評】盛岡誠桜が中盤の攻勢でコールド勝ちした。初回に高橋の中前打で先制。五回は川倉、松谷、田中、藤田の４連打で３点、六回は田中の右越え２点二塁打などで３点を加えた。田中が３安打３打点と活躍した。

一関工は四回に大森の左翼線二塁打などで１死三塁まで走者を進め、七回にも得点機をつくったが本塁が遠かった。

【一関工・小原優斗主将（３年）】力のない３年生だったが、1、２年生がサポートしてくれたおかげで夏２勝できた。走攻守でチームとして取り組んできた全力プレーをすることができた。最後まで楽しかった。

【一関工】		打安点
③	大　森	310
⑦	小　原	200
⑥	阿　部	310
⑧	小　林	200
①	佐藤湊	200
1	立　石	000
1	小野寺	000
H	山　平	100
④	船　山	310
②	佐藤俊	200
⑨	千葉卓	200
⑤	木　村	200
振球犠盗失併残	9020003	2230

【盛岡誠桜】		打安点
⑦	田　中	433
⑥	藤　田	211
⑧	倉　野	400
①	高　橋	311
⑨	佐々木創	200
⑤	関　谷	200
5	今	110
③	和　嶋	310
②	川　倉	211
④	松　谷	311
振球犠盗失併残	2311005	2697

▽三塁打　田中（盛）
▽二塁打　大森（一）田中２、川倉（盛）
▽審判　球審＝加倉　塁審＝伊藤、沢田、高橋
▽試合時間　１時間30分

7月20日
■花巻球場（花巻市）

盛岡商	40061	11
水沢工	00010	1

（五回コールド）
（盛）大塚晋―竹村
（水）室岡、佐藤大、森岡―斉藤

【評】盛岡商は４番高橋遥の２打席連続本塁打など打線が11得点し、シード水沢工に五回コールド勝ちした。初回は連続押し出し四球と佐藤の中前打などで４点を先制。四回に６点、五回に１点を加えた。

水沢工は投手陣が８四球と制球を乱し、流れをつかめなかった。四回に佐藤琉が左越えソロを放ち意地を見せた。

盛岡商主砲が２打席連発

盛岡商は打線が大暴れし、シード水沢工にコールド勝ちした。

圧巻は６点を奪った四回だ。犠飛で１点を加えると、２死走者なしから４番高橋遥都（２年）が左中間ソロ。後続の打者も変化球を捉え、この回６安打を集中した。

五回には、高橋遥が今大会３本目となる２打席連続のアーチを左翼席にたたき込んだ。この日４打数４安打の主砲は「一球一球狙い球を決めて打席に立つようになったら、結果が出るようになった」と手応えを語った。

【盛岡商】		打安点
⑦	立　花	420
②	竹　村	100
①	大塚晋	201
⑨	高橋遥	442
⑤	石　崎	410
4	大　道	000
③	清　水	101
3	横　山	000
⑥	高橋海	222
⑧	佐　藤	323
④5	田　中	200
振球犠盗失併残	3820007	23119

【水沢工】		打安点
⑨	伊　藤	300
④	及川塁	200
H	阿　部	100
⑥	鈴木塁	200
③	佐藤琉	211
⑦	鈴木重	210
②	斉　藤	200
⑤	稲　葉	220
①	室　岡	000
1	佐藤大	000
1	森　岡	200
⑧	橋　階	100
H	菊　池	110
振球犠盗失併残	5001214	2051

▽本塁打　高橋遥２（盛）佐藤琉（水）
▽二塁打　高橋遥、立花、佐藤（盛）
▽審判　球審＝伊藤　塁審＝三浦、宇都宮、柴田
▽試合時間　２時間９分

3回戦詳報（7月20日～21日）

【盛岡三】		打安点
⑤	松田	310
⑧	菊地	222
⑥	駒井	322
⑦	阿部	301
③	鈴木	333
3	沢田	000
②	田村	312
⑨	玉川	421
①	藤原	200
④	村上	310
振球犠盗失併残		
1532017		261211

【一関二】		打安点
⑤	千田	300
⑧	佐藤駿	220
②	小岩	210
③	吉田	200
①7	三浦	210
⑨	山田	200
⑥	佐藤真	210
⑦	滝上	100
1	菅原錬	100
④	真籠	100
H	阿部	100
振球犠盗失併残		
5302207		1950

▽三塁打　田村（盛）
▽二塁打　玉川２（盛）佐藤駿（一）
▽審判　球審＝畑川　塁審＝菅原博、菅原英、佐々木
▽試合時間　１時間41分

盛岡三―一関二　2回表盛岡三2死二、三塁、鈴木暖人が右前2点打を放ち、6―0と突き放す

7月21日
■きたぎんボールパーク（盛岡市）

盛岡三	15123	12
一関二	00000	0

（五回コールド）
（盛）藤原―田村
（一）三浦、菅原錬―小岩

【評】盛岡三が毎回安打、毎回得点で五回コールド勝ちした。初回に鈴木の中前打で先制し、二回は菊地の左前打、鈴木の右前２点打などで５点を追加。シャープなスイングで12安打を放ち12点を奪った。

一関二は得点圏に３度走者を進めたが、１点を取り切れなかった。２番佐藤駿が２安打２盗塁で、最後まで執念を見せた。

【盛岡四】		打安点
②	鳥谷部	521
④	村松	641
⑥	藤沢	332
⑨	室野	500
⑧	佐々木慎	620
⑤	杉田	432
③	尾崎	622
①	佐藤諒	300
1	桜田	100
1	真下	000
⑦	岩城	420
7	佐々木海	000
振球犠盗失併残		
67160016		43188

【黒沢尻北】		打安点
⑥	松岡	410
④	江本	400
⑨	高橋史	300
③	高橋蓮	301
⑤	添田	400
⑦	藤原	200
H7	鎌田	100
⑧	佐藤	300
②	高橋優	310
①	城守	100
H	高橋蒼	000
1	佐々木望	000
H	加藤	100
1	加瀬谷	000
振球犠盗失併残		
9301204		2921

▽三塁打　村松２、鳥谷部（盛）
▽二塁打　村松（盛）
▽審判　球審＝鈴木　塁審＝三浦、小野寺、阿部
▽試合時間　２時間38分

盛岡四打線お目覚め18安打

２回戦で４安打と苦しんでいた盛岡四打線が、この日は中堅方向へ鋭い打球を飛ばして安打を量産。計18安打で２年ぶりの８強に進んだ。

三回に尾崎暖（３年）の右前適時打で先制し、２―０の六回には杉田楓都（３年）の中前打などで２点を追加。九回は１番鳥谷部佑聖主将（３年）、２番村松怜央（３年）の連続三塁打などで４点を奪い、９―１と突き放した。佐々木偉彦監督は「硬さも取れて自分たちのスイングができていた」と評価した。

7月21日
■きたぎんボールパーク（盛岡市）

盛岡四	001102104	9
黒沢尻北	000001000	1

（盛）佐藤諒、桜田、真下―鳥谷部
（黒）城守、佐々木望、加瀬谷―高橋優

【評】盛岡四は切れ目のない打線が18安打でつなぎ、得点を重ねた。三回に尾崎が先制右前打を放ち、四回は藤沢の中前打で加点。六回に２点を加え、九回は４連打などで４点を奪った。

黒沢尻北は打線が２安打と振るわなかった。六回は無死満塁と攻めたが、押し出し四球の１点にとどまった。

【水沢一】		打安点
⑥	織田	100
④	千葉	100
⑤	鈴木	200
⑧	高橋凪	200
③	三浦	200
②	高橋楓	100
⑦	佐藤譲	200
①	佐藤航	110
⑨	永畠	100
振球犠盗失併残		
5210201		1310

【専大北上】		打安点
⑧	桐原	320
H	山上	000
⑨	高橋	321
③	杉山優空	110
⑦	坂本	323
⑤	斉藤	210
④	川崎	202
②	近藤	320
①	江川	301
⑥	辻野	323
振球犠盗失併残		
0420026		231210

▽三塁打　辻野（専）
▽二塁打　高橋（専）
▽審判　球審＝細川　塁審＝熊谷、泉田、葛西
▽試合時間　１時間７分

水沢一―専大北上　1回裏専大北上無死満塁、4番坂本賢士朗（中央）が先制の中前2点打を放つ。「長打を狙わず、つなげる意識で打席に入っている」と力まずに、この日3打点の活躍だった

7月21日
■花巻球場（花巻市）

水沢一	00000	0
専大北上	30502x	10

（五回コールド）
（水）佐藤航―高橋楓
（専）江川―近藤

【評】専大北上が序盤の大量点で勝負を決めた。初回に坂本の中前２点打などで３点を先制。三回は辻野の右越え２点三塁打など５安打で５点を奪い８―０とした。五回に２点を加えコールド勝ちした。

水沢一は初回２死三塁の得点機を生かせず、打線が１安打に封じられた。三回に佐藤航が右前へチーム唯一の安打を放った。

【大船渡】		打安点
⑥	今野	311
①8	佐々木怜	200
5	新沼	310
⑨18	山本	420
③81	上野	400
⑦9	及川	420
⑤3	三条	200
H	室	100
3	須藤	000
⑧	梅沢	100
17	熊谷滉	320
②	志田	310
④	吉田	100
H	熊谷大	100
4	佐藤	110
H	大森	110
振球犠盗失併残		
33312112		34111

【盛岡一】		打安点
⑤1	安田	410
⑧	佐藤	310
⑦	金野	310
⑥	畠山瑞	410
②	千葉	421
④	坂本	410
⑨	高橋	311
③	笹木	420
①5	川崎	410
振球犠盗失併残		
56100113		33112

▽二塁打　及川、山本、佐藤、大森（大）坂本、千葉（盛）
▽審判　球審＝菊地
塁審＝佐藤、千田、伊藤
▽試合時間　２時間23分

大船渡11安打も好機生かせず

シード校大船渡は鋭いスイングで11安打を放ったが、好機を生かせなかった。

「もう１回投げたい」―。九回無死二、三塁。エース佐々木怜希（３年）の言葉に、今野秀太朗主将（３年）が中犠飛で１点をかえし応えた。しかし、16人が出場する総力戦も反撃はここまでだった。

兄朗希がプロ野球ロッテで活躍し、注目を集めた背番号１は「みんなの支えでここまでやってこられた。悔しい形で終わった。来年こそ甲子園に行ってほしい」と目を赤くした。

7月21日
■花巻球場（花巻市）

大船渡	000000001	1
盛岡一	00300000×	3

（大）佐々木怜、熊谷滉、山本、上野―志田
（盛）川崎、安田―千葉

【評】盛岡一が１年生投手２人の継投策で接戦を制した。三回２死二、三塁から千葉、高橋の左前適時打などで３点を先制。川崎が七回途中無失点と好投し、継投した安田が反撃をしのいだ。

大船渡は九回無死二、三塁と攻め、今野の犠飛で１点をかえした。11安打で何度も好機をつくったが、適時打が出なかった。

盛岡誠桜「4強の壁」高く

盛岡誠桜―花巻東　5回途中から登板した盛岡誠桜の高橋脩。力強い球で押したが、花巻東打線を止められなかった

盛岡誠桜は五、六回とミスからの失点が響き、初の4強には届かなかった。

初回に先頭の倉野瞬（2年）が中前打で出塁。2死三塁から高橋脩（3年）の中前打で幸先良く先制した。

ここまでチームを引っ張ってきた高橋は、1―1の五回途中から登板。だが、甘い球を痛打され失点を重ねた。「まだまだ力不足。相手の打者陣の方が上だった」と花巻東をたたえた。

2017年創部で初めて春、夏ともに8強入りし、確実に力をつけている。ベンチ入りした1、2年生は14人。歴史を拓くには、先輩の悔しさを忘れず突き進むしかない。

■きたぎんボールパーク（盛岡市）

盛岡誠桜	1000000	1
花巻東	001034×	8

（七回コールド）

【盛岡誠桜】		打安点振球
⑧	倉野	42000
⑥	藤田	20000
⑦	田中	31010
⑤1	高橋	31110
⑨	佐々木創	21011
③	和嶋	20010
④	松谷	20010
H	山本	11000
R	成ケ沢	00000
②	川倉	21010
H	平船	10000
①	山口	10000
1	小又	10010
5	今	00000
H	関谷	10000
犠盗失併残		
20306		257171

投手	回	打安振球失
山口	3	112201
小又	1⅓	61011
高橋	1⅔	164056

【花巻東】		打安点振球
⑨	久慈	32101
⑥	熊谷	31200
③	佐々木麟	20011
④	千葉	31201
⑦	北條	21112
⑧	広内	40000
⑤	晴山	22001
①	葛西	00000
②	小林	30000
犠盗失併残		
40017		227626

投手	回	打安振球失
葛西	7	287711

▽三塁打　久慈（花）
▽二塁打　晴山（花）
▽妨害出塁　佐々木麟（川倉）
▽捕逸　川倉1＝五
▽暴投　小又1＝四、高橋1＝五、葛西1＝六
▽審判　球審＝伊東　塁審＝菅原、高橋、百鳥
▽試合時間　2時間9分

【評】花巻東が中盤の攻勢で得点を重ねてコールド勝ちした。三回に敵失絡みで同点とし、五回は久慈の左翼線三塁打、熊谷の左前打などで3点を勝ち越した。六回は千葉の中前2点打などで4点を加えた。

盛岡誠桜は初回に高橋が先制中前打を放ったが、追加点が遠かった。暴投や失策などのミスが絡んだ失点が痛かった。

一関学院　夏連覇かなわず

盛岡商―一関学院　6回裏一関学院1死一、二塁、小野涼介の左前適時打で3―1とする

一関学院は八回に逆転を許して無念の惜敗。連覇への挑戦を終えた。九回2死三塁で打席が回った原田大和主将（3年）は「敵失でも、何でもいいから走者をかえしたかった。みんなの期待に応えられなかった」と大粒の涙を流した。

1―1の六回に自慢の「つなぐ打撃」を発揮。6番山内蓮（2年）、7番小原翔吾（3年）の連打で1死一、二塁の好機をつくり、8番村上海斗（3年）のスクイズ（野選）で勝ち越し。五回から登板した9番小野涼介（3年）も左前適時打を放って3―1とした。相手を上回る10安打を放ったが、あと1点に結びつけられなかった。

■きたぎんボールパーク（盛岡市）

盛岡商	000100120	4
一関学院	001002000	3

【盛岡商】		打安点振球
⑧	佐藤	50020
⑥	高橋海	31021
②	竹村	30010
⑨	高橋遥	42110
③1	大塚晋	42010
⑦	立花	20101
①	吉田	10000
H	主浜	11100
1	菅原	00000
13	横山	21010
④	大道	40010
⑤	田中	21000
H5	石崎	21110
犠盗失併残		
21216		3394102

投手	回	打安振球失
吉田	3	145001
菅原	2⅓	134012
横山	1⅔	40210
大塚晋	2	71000

【一関学院】		打安点振球
⑧	菅野千	50010
⑥	原田	42001
③	梅田	41000
⑨	小野唯	40010
⑤	佐藤	42100
⑦	山内	31001
②	小原	42000
④	村上	20100
H	晴山	11000
R	大橋	00000
①	高橋	10000
1	小山	00000
H	小野寺	10000
1	小野涼	11100
H	小沢	00000
犠盗失併残		
21108		3410322

投手	回	打安振球失
高橋	3⅓	121210
小山	⅔	52111
小野涼	5	206703

▽三塁打　石崎（盛）
▽二塁打　高橋遥（盛）
▽暴投　吉田1＝一
▽審判　球審＝井上　塁審＝木村、小谷地、湊
▽試合時間　2時間16分

【評】盛岡商が2―3の八回に2点を奪い、逆転勝ちした。高橋遥の左翼線二塁打で追いつき、立花の犠飛で勝ち越した。投手陣は吉田、菅原、横山、大塚晋の継投で相手打線に的を絞らせなかった。

一関学院は六回に村上のスクイズ（野選）と小野涼の左前打で2点のリードを奪ったが、七回以降は1安打と失速した。

準々決勝詳報（7月22日）

■花巻球場（花巻市）

盛岡四	000000100	1
盛岡一	20000000×	2

【盛岡四】

	打安点振球
② 鳥谷部	41010
④ 村松	40000
⑧ 佐々木慎	41000
⑥ 藤沢	40000
⑨ 室野	40010
③ 尾崎	30010
⑤ 杉田	42100
① 佐藤諒	00000
1 桜田	20000
⑦ 岩城	21001

犠盗失併残……
21016　315131

投手	回	打安振球失
佐藤諒	⅔	53002
桜田	7⅓	253210

【盛岡一】

	打安点振球
⑤1安田	41000
⑧ 佐藤	42010
⑦ 金野	40000
⑥ 畠山瑞	21001
② 千葉	31200
④ 坂本	30000
⑨ 高橋	30000
③ 笹木	30000
①5川崎	31010

犠盗失併残……
00214　296221

投手	回	打安振球失
川崎	6⅓	255101
安田	2⅔	90210

▽二塁打　畠山瑞、川崎（一）
▽審判　球審＝新沼　塁審＝菅原、加倉、下川原
▽試合時間　1時間45分

【評】盛岡一が初回の2点を継投で守り抜き接戦を制した。初回は畠山瑞の右翼線二塁打などで2死二、三塁と攻め、千葉の中前2点打で先制。川崎が七回途中1失点でしのぎ、継投した安田が締めた。

盛岡四は七回1死二塁から杉田の中前打で1点をかえしたが、八、九回は無安打で力尽きた。

盛岡四　明暗分かれた初回

盛岡四―盛岡一　初回途中から登板し、力投した盛岡四の主戦桜田絢。相手に2回以降の追加点を許さなかった

鍛えてきた打撃が5安打に終わり、第4シード盛岡四が涙をのんだ。

初回が明暗を分けた。鳥谷部佑聖主将（3年）が初球をたたき中前打で出塁。1死一、二塁としたが、併殺打で好機を逃した。その裏に2点を失った。初回から救援した桜田絢（3年）は「流れを持ってこようと腕を振った」と、直球とスライダーを低めに集め「0」を並べた。

エースの力投に打線も奮起。七回に1点をもぎ取ったが反撃は続かず。「日本一」を目標に、チームをまとめてきた鳥谷部主将は「打撃に力を入れてきたが、あと一本が出なかった」と声を振り絞った。

■花巻球場（花巻市）

専大北上	0000000	0
盛岡三	204300×	9

（七回コールド）

【専大北上】

	打安点振球
⑧ 桐原	41000
⑨ 高橋	40010
③ 杉山優空	21000
1 秋山	00000
3 千田	10000
⑦ 坂本	30010
⑤ 斉藤	21001
④ 川崎	20000
H4山上	10000
②1近藤	21011
① 杉山優風	00000
1 板垣	10000
13江川	00000
H 小保内	10000
1 中沢	00000
2 沢田	10010
⑥ 辻野	31000

犠盗失併残……
00308　275042

投手	回	打安振球失
杉山優風	⅓	43102
板垣	2⅔	103104
江川	1⅓	92123
秋山	⅓	20110
中沢	1	50020
近藤	1	61120

【盛岡三】

	打安点振球
⑤ 松田	41010
⑧ 菊地	11002
8 平林	00000
⑥ 駒井	43100
⑦ 阿部	31100
7 平沢	00001
③ 鈴木	21301
1 杉沢	10000
② 田村	21201
⑨ 玉川	40040
①3藤枝	20002
④ 村上	21000
H 平子	10000
R 渡辺	00000
4 沢田	00000
H 橋本	10000
4 夏屋	00000

犠盗失併残……
22109　279757

投手	回	打安振球失
藤枝	5	203210
杉沢	2	92210

▽三塁打　鈴木（盛）
▽二塁打　斉藤（専）
▽審判　球審＝佐久間　塁審＝伊藤、菊地、八重樫
▽試合時間　2時間5分

【評】盛岡三が相手のミスに乗じて加点しコールド勝ちした。初回に阿部の右前打などで2点。三回は鈴木の右中間三塁打などで4点を奪い6―0とした。藤枝、杉沢が零封リレーで反撃を許さなかった。

専大北上は投手6人で継投したが、流れを取り戻せなかった。七回1死一、二塁など好機であと一本が出なかった。

専大北上　強気プレー貫く

専大北上―盛岡三　6回裏、専大北上の6番手で登板した近藤大雅からの送球を、遊撃手辻野翔空（左）が受けて二塁封殺とする。バントでの進塁を防ぎ1死を取った。走者駒井優樹（6）

専大北上にとって、盛岡三は春季県大会で敗れた相手。「リベンジ」を誓い臨んだが、失点に絡んだ守備の3失策が痛かった。

あと1点で六回コールドが成立する2死満塁のピンチ。背番号2の6番手近藤大雅（3年）が闘志あふれる投球で打者に向かう。遊ゴロをさばいた辻野翔空主将（3年）は「最後まで諦めない、ど根性の気持ちだった」と懸命のプレーを見せた。

夏の初戦敗退が続く中「チームを変えよう。専大北上を復活させよう」と励み、ついに〝呪縛〟を破った今大会。8強止まりとなったが、新たな「専北」を後輩へ託した。

盛岡一　気迫の六回集中打

盛岡一―花巻東　6回表盛岡一無死満塁、1年生の坂本晃太が4―3とする右前2点打を放ち、試合をひっくり返す

盛岡一は0―3の六回、1番打者から2四球と4安打で一気に逆転。「速球と左腕を打てないと夏は勝てない」と、冬場のマシン打撃などで鍛えた成果を発揮し、花巻東と渡り合った。

七回1死満塁、相手の好守備に阻まれ追加点はかなわなかった。その裏に四回から救援した川崎煌成（1年）が無死一、二塁で花巻東の佐々木麟太郎（3年）と勝負。内野ゴロに打ち取るも守りが乱れて満塁となり、ここから相手の猛反撃を許した。

1、2年生9人が準決勝の舞台に立ち、チームは春季地区予選敗退から、45年ぶりの甲子園が見える位置まではい上がった。川又範明監督は「3年生を中心にいい伝統をつくってくれた」とたたえた。

■きたぎんボールパーク（盛岡市）

盛岡一	000004000	4
花巻東	10110070×	10

【盛岡一】		打安点振球
⑤1	安田	40011
⑧	佐藤	42001
⑦	金野	41121
⑥	畠山瑞	52100
②	千	20002
④	坂本	41210
⑨	高橋	40030
③	笹木	30021
R	本宮	00000
3	菅	00000
①	松山	00000
H	小谷地	11000
1	三浦	00000
15	川崎	31000
犠盗失併残		
00229		348496

投手	回	打安振球失
松山	2	102021
三浦	1⅓	83122
川崎	2⅔	146005
安田	2	122032

【花巻東】		打安点振球
⑨	久慈	51000
⑥	熊谷	32002
③	佐々木麟	43101
④	千葉	41200
①7	北條	41211
R	阿部	00000
7	及川	00000
⑤	堀川	10001
H5	晴山	10100
⑧	広内	42100
⑦	中嶋	10001
1	葛西	00000
1	小松	21000
②	小林	32201
犠盗失併残		
540010		3213917

投手	回	打安振球失
北條	5⅔	192421
葛西	⅔	33003
小松	4	183540

▽二塁打　畠山瑞2（盛）北條、小林（花）
▽審判　球審＝小野寺　塁審＝三浦、畑川、佐久間
▽試合時間　2時間32分（中断4分）

【評】花巻東は七回に一挙7点を奪い逆転勝ち。久慈、熊谷の連打などで無死満塁と攻め、千葉の同点右前打、北條の2点二塁打などで畳みかけた。3番手で登板した小松が4回を締めた。

盛岡一は六回に金野の右前適時打、畠山瑞の右翼線二塁打、坂本の右前2点打で4―3と逆転。勝利まであと一歩に迫った。

盛岡商　食らいつき先制打

盛岡商―盛岡三　3回表盛岡商2死一、二塁、3番大塚晋平が先制の中前適時打を放つ。捕手田村悠人、球審八重樫

盛岡商は三回、9番佐藤幹太（2年）の中前打などで2死一、二塁。3番大塚晋平（3年）がしぶとく食らいつき、先制の中前適時打を放った。1―5の九回も先頭の大塚晋が左前打で出塁した。

3年生6人が、21年ぶりの夏4強をつかむ原動力となった。大塚晋は投打でけん引し、捕手の竹村陽人主将は強気のリードで投手4人を引っ張った。高橋海や石崎寛人らは堅実な守備で窮地を救った。

昨秋と春の県大会初戦敗退のチームが、パワフルな打線を武器に躍進。竹村主将は「全ての試合が楽しかった。最高の夏でした」とすがすがしく語った。

■きたぎんボールパーク（盛岡市）

盛岡商	001000000	1
盛岡三	00201020×	5

【盛岡商】		打安点振球
④	横田	20001
4	大道	10000
②	竹村	41000
①31	大塚晋	43100
⑨	高橋遥	40000
⑦	立花	41000
⑤	石崎	30010
5	田中	10010
⑥	高橋海	30010
③	清水	10010
H	主浜	10000
1	菅原	00000
1	吉田	10010
13	横山	00000
⑧	佐藤	31010
犠盗失併残		
00105		326161

投手	回	打安振球失
大塚晋	4	193232
菅原	1	52201
吉田	1⅔	73012
横山	1	42000
大塚晋	1	40010

【盛岡三】		打安点振球
⑤	松田	42001
⑧	菊地	30111
⑥	駒井	41101
⑦	阿部	41010
③	鈴木	43110
②	田村	31001
⑨	玉川	41000
①	藤枝	40010
④	村上	00001
H	橋本	10000
4	沢田	11000
H	平子	10000
4	夏屋	00000
犠盗失併残		
140010		3310345

投手	回	打安振球失
藤枝	9	336611

▽二塁打　駒井（三）
▽審判　球審＝八重樫　塁審＝伊藤、宇都宮、三浦
▽試合時間　2時間13分

【評】盛岡三は機動力を絡めた攻撃で決勝切符をつかんだ。三回に野選で追いつくと、併殺崩れですかさず勝ち越した。五回は駒井の三盗が敵失を誘って追加点を奪った。主戦藤枝は被安打6、1失点で完投した。

盛岡商は三回2死一、二塁から大塚晋の中前打で先制した。四回以降は打線が2安打に終わり、反撃を封じられた。

■きたぎんボールパーク（盛岡市）

盛岡三	000000000	0
花巻東	33011020×	10

≪10時7分開始、12時16分終了≫

【評】花巻東は序盤の攻勢で流れをつかみ、13安打10得点で押し切った。初回無死満塁から北條の右前2点打と広内の適時打で3点を先制。二回は熊谷の右中間2点二塁打などで3点を奪い6―0とし、中盤以降も着実に得点を重ねた。小松は最速145㌔の直球と変化球の緩急で17三振を奪い、完封した。

盛岡三は得点圏に走者を進めたが、散発3安打で無得点。主戦藤枝が序盤でつかまり劣勢に回ったが、最後まで粘り強く戦い抜いた。

盛岡三　気を吐く3盗塁

公立勢の悲願　あと1勝で涙

盛岡三―花巻東　1回裏花巻東無死一、二塁でマウンドに集まる主戦藤枝歳三（右から2人目）ら盛岡三の選手

初回が重かった。盛岡三の2年生エースの藤枝歳三が「流れをつくりたかったが、緊張感で制球が乱れた」と連続四球などで無死満塁とされ、2本の適時打を浴びて3失点。130㌔台の直球と低めへのチェンジアップが武器だが、本来の制球を取り戻せず、二回途中でマウンドを降りた。

打線は3安打にとどまり、相手右腕の140㌔台の直球と変化球に的を絞れず17三振を喫した。だが磨いてきた機動力を決勝の舞台で発揮。3盗塁を決め意地を見せた。

五回、四球の玉川仁乃助（3年）が二盗に成功。玉川は八回も中前打で出塁して盗塁を決め、チームに活気をもたらした。直後に登板した杉沢直輝（3年）が最速142㌔の直球で三者凡退に抑え、最終回の攻撃につなげた。九回1死で駒井優樹（3年）が「なんとしても塁に出る。この打線なら点が取れる」と内野安打で出塁。すかさず盗塁を仕掛け、二塁へ進んだ。

春季東北大会で4強入りを果たし、準決勝は昨夏の甲子園覇者・仙台育英に敗れたものの善戦した。自信を持って迎えた夏は、自慢の打線がつながり3試合連続のコールドで勝ち進んだ。

対戦校の選手を分析するデータ班が躍進を支えた。選手間で共有し、打者ごとに守備位置を変えピンチの芽を摘む。狙い球を絞って得点につなげる。攻守に生かされ、田村悠人主将（3年）は「ベンチに入れず悔しい思いがある中、チームに貢献してくれて感謝しかない」と頭を下げた。

1994年を最後に閉ざされた公立勢の甲子園出場。走攻守を鍛え抜いた盛岡三でも、重い扉をこじ開けられなかった。

【盛岡三】

		打	安	点	振	球	犠	盗	残	失
⑤4	松田	4	0	0	3	0	0	0	0	0
⑧	菊地	3	1	0	2	1	0	0	1	0
⑥	駒井	4	1	0	1	0	0	1	1	0
⑦	阿部	4	0	0	1	0	0	0	0	0
③5	鈴木	4	0	0	3	0	0	0	0	1
②	田村	3	0	0	1	0	0	0	0	1
⑨	玉川	2	1	0	1	1	0	2	2	0
①3	藤枝	2	0	0	2	0	0	0	0	0
H	橋本	1	0	0	1	0	0	0	0	0
3	沢田	0	0	0	0	0	0	0	0	0
④	村上	0	0	0	0	0	0	0	0	0
1	藤原	1	0	0	1	1	0	0	1	0
H	平子	1	0	0	1	0	0	0	0	0
1	杉沢	0	0	0	0	0	0	0	0	0
		29	3	0	17	3	0	3	5	2

投手	回	打	安	振	球	責	失	投
藤枝	1⅔	11	6	0	2	5	6	36
藤原	6	26	7	4	2	4	4	91
杉沢	1	3	0	1	0	0	0	11

【花巻東】

		打	安	点	振	球	犠	盗	残	失
⑨	久慈	4	1	0	0	1	0	1	0	0
9	佐々木唯	0	0	0	0	0	0	0	0	0
⑥	熊谷	3	1	2	1	1	1	0	0	0
③	佐々木麟	4	1	1	1	1	0	0	0	0
⑦	北條	5	2	2	1	0	0	0	0	0
④	千葉	3	0	0	0	1	0	0	0	0
⑧	広内	3	3	1	0	0	1	1	2	0
⑤	晴山	3	0	0	1	0	1	0	0	0
①	小松	3	2	1	1	0	1	0	2	0
②	小林	4	3	2	0	0	0	0	2	0
		32	13	9	5	4	4	2	6	0

投手	回	打	安	振	球	責	失	投
小松	9	32	3	17	3	0	0	132

▽二塁打　小林2、熊谷（花）
▽暴投　藤原2＝二、五
▽球審　球審＝里見
塁審＝小谷地、高橋、三浦
▽試合時間　2時間9分

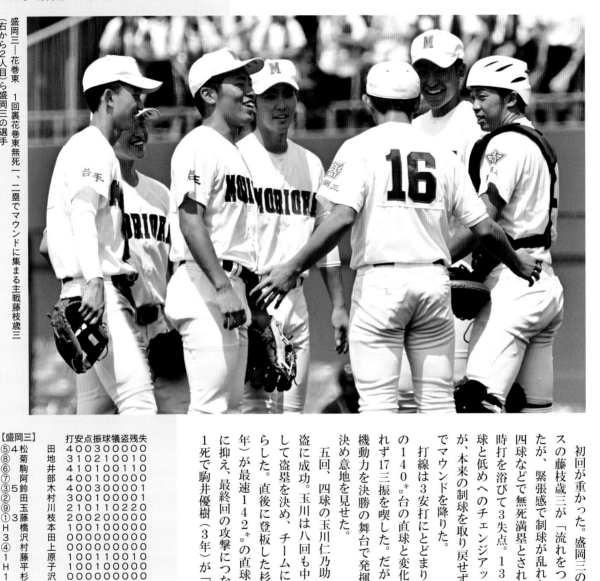

試合部門

延長再試合

十八回	1990年	麻生一関 2—2 一関商工	〈再試合〉麻生一関 6—3 一関商工（延長十二回）
十五回	1967年	盛 岡 三 2—2 岩　　泉（時間切れ）	〈再試合〉盛 岡 三 9—0 岩　　泉
	2012年	花北青雲 4—4 久　　慈	〈再試合〉花北青雲 6—3 久　　慈
	2013年	水　　沢 2—2 盛岡大付	〈再試合〉盛岡大付 8—3 水　　沢
	2016年	高　　田 2—2 金 ケ 崎	〈再試合〉高　　田 8—1 金 ケ 崎（七回コールド）

延長（十五回以上）

十七回	1972年	花 巻 商 5—4 一関修紅
十五回	1989年	盛 岡 北 5—4 大船渡農
	1995年	高　　田 7—6 花 巻 東
	2008年	北上翔南 8—7 釜 石 商
	2010年	盛 岡 四 7—6 一　関　一
		大船渡東 3—2 花 巻 北
	2012年	大　　槌 6—5 盛 岡 農
		………ほか5試合

長時間（延長戦）

5時間12分	福　　岡 — 専大北上	（1987年、延長十二回、降雨中断あり）
4時間25分	高　　田 — 花 巻 東	（1995年、延長十五回）
4時間12分	花 巻 商 — 一関修紅	（1972年、延長十七回）
4時間3分	水　　沢 — 盛 岡 北	（1985年、延長十四回）
4時間2分	盛 岡 北 — 大船渡農	（1989年、延長十五回）
3時間56分	紫波総合 — 一　　戸	（2014年、延長十二回）
3時間54分	軽　　米 — 黒沢尻北	（2004年、延長十一回、降雨中断あり）
3時間53分	金 ケ 崎 — 大 原 商	（2001年、延長十三回）
	大　　槌 — 盛 岡 農	（2012年、延長十五回）
3時間44分	盛岡中央 — 盛岡市立	（2019年、延長十四回タイブレーク）
3時間42分	盛岡中央 — 一関学院	（2006年、延長十四回）
	盛 岡 四 — 一　関　一	（2010年、延長十五回）
3時間36分	一関学院 — 花 巻 東	（2015年、延長十三回）

長時間（9イニング）

4時間46分	一関学院 — 専大北上	（2004年、降雨中断あり）
4時間22分	大船渡工 — 盛岡中央	（2001年、降雨中断あり）
4時間8分	盛 岡 北 — 前　　沢	（1988年、降雨中断あり）
4時間7分	盛 岡 商 — 前　　沢	（2010年、降雨中断あり）
3時間52分	盛 岡 一 — 花　　泉	（1966年、降雨中断あり）
3時間49分	盛 岡 一 — 久　　慈	（1983年）
3時間41分	大船渡工 — 岩 谷 堂	（2005年、降雨中断あり）
	一関学院 — 高　　田	（2007年、降雨中断あり）

第72回大会準々決勝　麻生一関—一関商工　2—2のまま延長18回でも決着がつかず、4時間2分に及ぶ健闘をたたえ合う両校の選手たち。翌日の再試合も延長戦にもつれ込み、12回に3点を奪った麻生一関が6—3で激戦に終止符を打った＝1990年7月25日、県営球場

第77回大会準々決勝の高田—花巻東は、降雨中断なしでは岩手大会最長となる4時間25分の熱戦を繰り広げた。試合は8回に5—5に追いついた花巻東が9回に1点を勝ち越し。しかし高田もその裏、小松の二塁打で同点とし、延長戦に突入。6—6のままで迎えた15回、高田が一死満塁から遠藤の中前適時打でサヨナラ勝ちした。写真は8回表花巻東1死一、三塁、阿部卓の遊ゴロで鈴木が本塁を突くがタッチアウト。捕手伊藤、球審名久井＝1995年7月25日、花巻球場

第98回大会４回戦　千厩の千葉英太が久慈との延長13回を投げ、キレのある直球で１試合最多となる23奪三振をマーク。千葉は４試合で通算60個の三振を奪った＝2016年７月18日、花巻球場

第101回大会４回戦　大船渡の佐々木朗希＝現ロッテ＝は延長12回を投げ抜き、盛岡四から21個の三振を奪った。自ら決勝の２点本塁打も放ち、チームをベスト８に導いた＝2019年７月21日、県営球場

投手部門

完全試合

1962年7月17日　滝浦豊富（紫波）２―０　一戸
２回戦　▶投球数94＝奪三振８、内野ゴロ９、内野飛球５、外野飛球５

無安打無得点試合

1962年	及川	（黒沢尻北）	10―０	千厩
1966年	根子	（山田）	４―０	東和
	村上	（大船渡）	４―０	福岡工
	千田	（花巻北）	１―０	山田
1971年	簗場	（盛岡三）	４―０	岩泉
1972年	畠山	（専大北上）	６―０	種市
1974年	高橋	（一関工）	１―０	住田
1980年	坂本	（一関商工）	１―０	山田
1981年	高橋	（水沢工）	１―０	宮古
1984年	柳畑	（福岡）	１―０	大迫
1988年	谷地	（遠野）	３―０	千厩東
2008年	田村	（不来方）	６―０	宮古水産
	鈴木	（福岡）	３―０	軽米

奪三振

≪大会通算≫

66個　阿部（花巻商）　５試合（1964年）
▶久慈農水13、水沢農15、大東15、福岡12、黒沢尻工11

61個　黒沢（大槌）　５試合（1973年）
▶葛巻17、花泉16、岩谷堂８、大船渡工16、盛岡三４

60個　千葉（千厩）　４試合（2016年）
▶一関高専13、宮古工11、久慈23（延長十三回）、一関工13

57個　斎藤（盛岡中央）　６試合（2022年）
▶江南義塾盛岡８、花巻南７、盛岡市立19、盛岡三６、花巻東７、一関学院10

53個　佐々木昌（広田水産）　４試合（1981年）
▶紫波14、伊保内20、谷村学院10、一関商工９

≪1試合≫

23個	千葉（千厩）	４―１	久慈	（延長十三回、2016年）
21個	佐々木（大船渡）	４―２	盛岡四	（延長十二回、2019年）
20個	佐々木昌（広田水産）	４―０	伊保内	（1981年）
19個	藤原拓（花巻東）	４―１	盛岡四	（2003年）
	斎藤（盛岡中央）	６―１	盛岡市立	（2022年）
18個	藤村（黒沢尻北）	１―０	釜石北	（延長十一回、1995年）
	宮田（一関修紅）	１―０	岩手	（延長十二回、1978年）

打撃部門≪安打ほか≫

1試合最多安打数

28本	盛岡南	(対岩泉・田野畑)	＝1995年
27本	大船渡	(対遠野緑峰)	＝1998年
25本	一関一	(対福岡工)	＝2019年
24本	千厩	(対釜石商)	＝1993年
	軽米	(対一関修紅)	＝2018年
23本	大船渡	(対岩谷堂農林)	＝1990年
	盛岡大付	(対水沢農)	＝2014年
22本	宮古商	(対一関農)	＝1986年
	専大北上	(対大迫)	＝2001年
	釜石商	(対胆沢)	＝2003年
	盛岡中央	(対一関二)	＝2010年
21本	盛岡三	(対久慈商)	＝1985年
	水沢一	(対水沢農)	＝1955年
	福岡	(対大船渡工)	＝1999年
	前沢	(対種市)	＝2001年
	一関学院	(対大船渡農)	＝2006年
	久慈工	(対宮古商)	＝2016年

1イニング最多安打数

16本	専大北上	(対大迫)	＝2001年
15本	大船渡東	(対西和賀)	＝2012年
13本	北上翔南	(対久慈・山形)	＝2008年
12本	大船渡	(対久慈・山形)	＝1994年
	釜石商	(対胆沢)	＝2003年
11本	花巻	(対釜石商)	＝1949年
	大原商	(対久慈水産)	＝1993年
10本	大船渡	(対遠野緑峰)	＝1998年
	一関商工	(対水沢工)	＝1998年

1試合全員安打

2000年	盛岡南	(対水沢商)
	雫石	(対宮古商)
	前沢	(対雫石)
	盛岡商	(対花巻東)
2001年	大船渡	(対遠野緑峰)
	前沢	(対種市)
	大東	(対一関一)
2002年	沼宮内	(対水沢商)
	盛岡農	(対浄法寺)
2003年	釜石商	(対花巻南)
2005年	盛岡四	(対前沢)
	花巻東	(対大船渡)
	宮古工	(対花巻北)
	大野	(対黒沢尻北)
2010年	千厩	(対水沢農)
	一関一	(対盛岡四)
2012年	水沢	(対高田)
	一関学院	(対花泉)
	久慈	(対花北青雲)
	大船渡東	(対西和賀)
2013年	釜石	(対花巻農)
2014年	盛岡中央	(対水沢工)
	一関工	(対福岡)
	一関修紅	(対遠野緑峰)
	大船渡	(対岩泉)
	久慈工	(対花泉)
2015年	岩手	(対水沢農)
	一関工	(対盛岡三)
	黒沢尻工	(対大迫・前沢・沼宮内連合)
2016年	平舘	(対西和賀)
	久慈工	(対宮古商)
2017年	岩手	(対北上翔南)
2018年	花泉	(対水沢)

………ほか1999年以前に39校

得四死球

21個	盛岡農	(対金ケ崎)	＝1997年
20個	金ケ崎	(対久慈・山形)	＝2004年
19個	遠野中	(対黒沢尻中)	＝1932年
	盛岡工	(対水沢工)	＝1983年
17個	釜石商	(対北上農)	＝1961年
	大船渡農	(対大原商)	＝1991年

1試合最多得点

盛岡南	37―4	岩泉・田野畑	＝1995年
金ケ崎	33―0	久慈・山形	＝2004年
一関	32―0	杜陵	＝1949年
大船渡	32―0	岩谷堂農林	＝1991年
北上翔南	31―0	久慈・山形	＝2008年
盛岡大付	30―0	水沢農	＝2014年
一関一	28―0	福岡工	＝2019年
大船渡	28―1	遠野緑峰	＝1998年
遠野	28―3	久慈	＝1955年
福岡	26―0	藤沢	＝1999年
専大北上	25―0	大迫	＝2001年
盛岡中央	24―0	浄法寺	＝1998年
一関中	23―14	黒沢尻工	＝1946年
釜石商	24―0	胆沢	＝2003年
軽米	23―0	岩手	＝2004年

(県高野連、岩手日報社調べ)

第80回大会４回戦　１年生ながら６番に座った専大北上の畠山和洋が大船渡工戦の初回、公式戦第１号となる左越え３点本塁打を放つ。畠山が持つ夏の岩手大会通算６本塁打は今も破られていない＝1998年７月22日、花巻球場

第88回大会３回戦　一関一２年の阿部寿樹＝現楽天＝が胆沢戦で左越えの満塁本塁打を放つ。翌年の春の東北大会では打率５割で県勢６年ぶり、公立校では21年ぶりの東北制覇に貢献。第89回岩手大会は第１シードで臨んだものの、３回戦で花巻東に敗れ61年ぶりの優勝はならなかった＝2006年７月18日、雫石町営球場

第103回大会準々決勝　盛岡大付の金子京介が盛岡中央戦の８回、左中間に勝ち越しのソロ本塁打を放つ。金子は決勝まで５試合連続本塁打の大活躍で、盛岡大付の11度目優勝の立役者となった＝2021年７月19日、県営球場

打撃部門≪本塁打≫

大会総数

36本　(1993年、2014年)
33本　(2000年、2006年)
32本　(1986年、1994年、1999年)
31本　(1997年、2004年、2017年)
30本　(1991年、1995年)

1試合最多本塁打

5本　1955年　遠　野 28—3 久　慈
(遠野４本、久慈１本)

1986年　専大北上　9—1 大 原 商
(専大北上４本、大原商１本)

個人通算本数

6本　畠山和洋(専大北上)＝1998年２本、1999年３本、2000年１本
5本　金子京介(盛岡大付)＝2021年５本
4本　佐々木和(久　慈)＝1965年１本、1966年３本
伊藤泰尚(専大北上)＝1986年２本、1987年２本
小田島修(黒沢尻北)＝1988年２本、1989年１本、1990年１本
工藤大吉(盛 岡 工)＝2000年４本
佐藤　廉(盛岡大付)＝2011年１本、2012年３本
松本裕樹(盛岡大付)＝2013年２本、2014年２本
熊谷真人(専大北上)＝2015年２本、2016年２本
植田　拓(盛岡大付)＝2017年４本

サヨナラ本塁打

1992年　佐々木(一関一)対宮古工
1993年　遠　藤(盛岡南)対遠野・情報
泉久保(福岡工)対黒沢尻北
1999年　高橋秀(花北商)対麻生一関
2000年　横　田(盛岡工)対岩手
箱　崎(盛岡三)対北上農
2001年　岩　間(大　槌)対花巻東
2003年　土　橋(雫　石)対花泉
2004年　豊間根(宮 古 工)対宮古商
2005年　中　村(花 巻 東)対盛岡四
2007年　中　井(専大北上)対水沢工
2009年　金　丸(宮 古 商)対水沢工
2015年　山　口(宮　古)対一関修紅
熊　谷(専大北上)対大東
2016年　照　井(盛 岡 四)対久慈工
………1991年以前に６人

満塁本塁打

1985年　星　(黒沢尻工)対竜沢
佐々木力(水 沢 工)対盛岡四
1986年　田口　吉(浄 法 寺)対盛岡農
1988年　堀　田(大　迫)対久慈・山形
1990年　新　沼(住　田)対金ケ崎
1991年　畑　中(一　戸)対麻生一関
平　山(住　田)対盛岡四
1993年　皆　川(千　厩)対釜石商
金　野(一 関 一)対花巻南
1994年　金 田 一(盛岡大付)対専大北上
下　留(宮 古 北)対花北商
田　代(遠　野)対大槌
1995年　原　(盛岡大付)対一関一
横　山(高　田)対前沢
原　田(前　沢)対釜石南
関　口(盛岡大付)対花巻北
1999年　川　代(久 慈 工)対専大北上
2000年　工　藤(一 関 一)対一関農
箱　崎(盛 岡 三)対北上農
工　藤(盛 岡 工)対一関商工
佐藤　伸(一関商工)対盛岡工
2002年　菅　静(遠　野)対藤沢
尻　石(雫　石)対釜石商
2004年　千葉　裕(一 関 一)対金ケ崎
高橋　鉄(専大北上)対盛岡商
熊谷　雄(花 巻 東)対千厩
2006年　阿部　寿(一 関 一)対胆沢
2007年　山　蔭(花 巻 東)対盛岡大付
2011年　玉　沢(久　慈)対江南義塾盛岡
2014年　遠　藤(盛岡大付)対一関一
小 井 田(盛 岡 三)対久慈工
正　木(盛 岡 三)対一関工
2018年　佐々木健(花 巻 北)対宮古商
新　谷(盛 岡 商)対盛岡大付
2019年　千　葉(盛岡中央)対盛岡市立
2021年　小　野(釜石商工)対遠野緑峰
岩　渕(一関学院)対盛岡一
………1984年以前に11人

第105回全国高校野球選手権記念岩手大会

出場64校 56チーム

白抜き数字は主将、連合チームは所属校を明記。
部員数には「助っ人」とマネジャーを含みません。

盛岡一

◆部員／37人　◆責任教師／小瀬川創　◆監督／川又範明

背番号 氏名	学年	身長	体重	投打	出身中
①松山　郁斗	2	168	63	右右	盛岡・河南
❷千葉　穂高	3	180	78	右右	松園
③笹木　一馨	2	175	75	右左	黒石野
④畠山　龍	3	173	66	右左	岩手大付
⑤太田　恵祥	3	170	73	右右	城西
⑥畠山　瑞輝	3	175	75	右左	城西
⑦金野　一星	3	166	68	右左	大宮
⑧佐藤　孝大	3	172	73	右左	大宮
⑨中村　優斗	3	175	70	右右	下小路
⑩菅　秀太郎	3	180	68	右右	浄法寺
⑪大高　銀時	3	176	76	右右	大船渡
⑫田代　翼	3	177	72	右左	一戸
⑬高橋　汰月	2	173	74	右右	紫波一
⑭安斎　龍紀	2	178	71	右右	土淵
⑮本宮　昇虎	2	170	72	右左	一戸
⑯三浦　大河	2	170	70	右右	盛岡・河南
⑰川崎　煌成	1	175	68	右右	雫石
⑱安田　圭吾	1	178	70	右左	上田
⑲小谷地大和	1	167	74	右左	厨川
⑳坂本　晃太	1	172	65	右左	下小路

盛岡三

◆部員／46人　◆責任教師／小谷地太郎　◆監督／伊藤崇

背番号 氏名	学年	身長	体重	投打	出身中
①藤枝　歳三	2	175	80	右右	盛岡・河南
❷田村　悠人	3	170	73	右右	松尾
③鈴木　暖人	3	172	76	右左	大宮
④村上　颯	3	165	70	右右	盛岡・河南
⑤松田　蓮	3	166	77	右左	土淵
⑥駒井　優樹	3	175	78	右右	滝沢南
⑦阿部　蒼流	3	170	80	右右	滝沢二
⑧菊地　祐輝	3	173	75	右右	紫波一
⑨玉川仁乃助	3	178	77	右右	福岡
⑩杉沢　直輝	3	176	77	右右	雫石
⑪要永　琉成	3	167	72	右右	滝沢南
⑫山中　優河	2	171	75	右右	仙北
⑬橋本　拓樹	3	174	79	右左	安代
⑭沢田　瑛介	3	174	75	右右	釜石
⑮平沢　巧宇	3	172	73	右右	見前
⑯夏屋　佑翔	2	165	68	右右	見前南
⑰平子　雄惺	3	182	78	右左	大宮
⑱藤原　大雅	2	170	70	左左	滝沢二
⑲渡辺　駿介	3	170	69	右右	仙北
⑳平林　悠希	1	173	62	右右	土淵

盛岡四

◆部員／30人　◆責任教師／伊藤健太　◆監督／佐々木偉彦

背番号 氏名	学年	身長	体重	投打	出身中
①桜田　絢	3	175	73	左左	宮野目
❷鳥谷部佑聖	3	168	63	右右	城西
③尾崎　暖	3	169	68	右左	奥中山
④村松　怜央	3	171	73	右右	北上
⑤杉田　楓都	3	170	67	右右	厨川
⑥藤沢真一郎	3	177	70	右左	乙部
⑦岩城　達也	2	169	60	右左	紫波一
⑧佐々木慎平	3	168	62	右左	上田
⑨室野　瑛心	3	172	80	右右	渋民
⑩佐藤　諒士	3	166	65	右右	仙北
⑪真下　朝日	2	172	70	右右	矢巾北
⑫土橋　伊織	3	167	70	右左	雫石
⑬小畑　類	2	167	65	右右	矢巾
⑭駒木　優人	2	163	62	右右	奥中山
⑮帷子　侑誠	2	177	63	右左	仙北
⑯武蔵　天馬	3	171	68	右右	大宮
⑰阿部　貫汰	3	176	80	右左	見前南
⑱佐藤　悠貴	2	176	68	右右	仙北
⑲佐々木海杜	2	173	69	右右	紫波二
⑳佐々木陸翔	3	178	82	右左	黒石野

盛岡北

◆部員／20人　◆責任教師／君ケ洞卓朗　◆監督／高見延也

背番号 氏名	学年	身長	体重	投打	出身中
①山下　裕也	3	160	50	右左	黒石野
②宮城　智毅	2	171	64	右右	盛岡・河南
③小沢　悠羽	3	166	56	右右	滝沢二
④藤原　想	2	165	50	右右	松園
⑤遠藤　優希	2	175	71	右右	安代
⑥佐藤　暉士	3	160	56	右右	松園
⑦中軽米暖生	2	164	59	右右	滝沢二
❽佐藤　琉	3	160	50	右両	上田
⑨佐藤　大地	2	183	77	右右	盛岡・河南
⑩滝本　逞也	2	167	61	右右	巻堀
⑪小野　陽輝	2	173	56	右右	厨川
⑫藤原　泰輝	1	169	60	右右	黒石野
⑬道淵　葉	1	174	64	右右	沼宮内
⑭藤沢　亮介	1	167	56	右右	黒石野
⑮赤川　朋哉	1	169	56	右右	黒石野
⑯上岡谷孝宏	1	169	53	右右	大野
⑰工藤　遥斗	1	167	43	左左	滝沢二
⑱吉田　陽大	1	168	63	右右	盛岡・河南
⑲吉田　歩	1	162	78	右右	土淵
⑳阿部　優也	1	173	51	左左	滝沢二

盛岡南

◆部員／15人　◆責任教師／佐々木幸恵　◆監督／杉田英一

背番号 氏名	学年	身長	体重	投打	出身中
①小島　幸大	2	172	60	右右	沼宮内
❷村松　和	3	178	72	右右	矢巾
③久保　大地	2	179	72	右右	見前南
④下田　大地	2	173	65	右左	城東
⑤芦生　隆瑛	2	173	58	右右	矢巾
⑥日野沢大智	2	175	64	右右	九戸
⑦朽木　駿雅	2	167	50	右右	沼宮内
⑧高橋　大和	2	176	63	右右	紫波一
⑨角舘　歩夢	2	171	68	左左	見前
⑩増子　春	2	165	63	右右	見前
⑪田代　優	1	173	67	左左	一戸
⑫佐藤　隼磨	1	173	69	右右	紫波一
⑬柏田　寛太	1	173	74	右右	矢巾
⑭嶋崎　魁斗	1	174	63	右右	見前南
⑮白籏丈太郎	1	167	57	右右	川口

盛岡農

◆部員／24人　◆責任教師／北川潤　◆監督／北山安貞

背番号	氏名	学年	身長	体重	投打	出身中
①	伊藤　慶哉	2	168	67	左左	城西
②	水原　丈	2	183	81	右右	渋民
③	大上　大地	3	174	70	右右	山形
④	千葉　一生	2	165	58	右右	渋民
⑤	釜石　充	3	178	84	右右	奥中山
⑥	釜石　鷹宏	3	163	60	右右	奥中山
❼	片瀬慎之介	3	177	70	右右	渋民
⑧	藤村　翔紅	2	164	56	右左	安代
⑨	坂本　遥人	3	165	55	右左	奥中山
⑩	矢野　空向	3	166	70	左左	紫波三
⑪	吉村　歩夢	1	171	69	右右	北陵
⑫	長内　咲哉	1	169	53	右右	松園
⑬	熱海　達哉	1	174	64	右右	松園
⑭	杉浦　輝星	1	169	54	右左	滝沢
⑮	立花　洸琉	1	160	54	右右	安代
⑯	浜　康貴	1	163	57	右右	乙部
⑰	釜石　龍兵	1	167	60	右右	奥中山
⑱	八木　伊吹	1	171	58	右右	奥中山
⑲	中村　正宗	1	166	55	右右	滝沢二
⑳	佐々木颯太	1	177	61	右右	巻堀

盛岡商

◆部員／27人　◆責任教師／成田敏輝　◆監督／田中純一

背番号	氏名	学年	身長	体重	投打	出身中
①	大塚　晋平	3	175	92	右右	見前
❷	竹村　陽人	3	170	75	右左	城東
③	横山　嘉人	2	181	70	右右	見前
④	大道隆之介	2	162	56	右右	大宮
⑤	田中　李空	2	160	52	右右	城東
⑥	高橋　海	3	165	66	右右	乙部
⑦	立花晋一郎	2	173	66	右右	福岡
⑧	佐藤　幹太	2	170	69	右右	沼宮内
⑨	高橋　遥都	2	177	83	右右	川口
⑩	菅原　拓翔	2	168	71	左左	矢巾
⑪	吉田　優月	2	170	60	右右	見前南
⑫	広田　聖剛	1	166	56	右右	大宮
⑬	清水　颯太	3	185	86	右右	見前
⑭	主浜　瑛留	3	170	74	右右	北陵
⑮	石崎　寛人	3	172	76	右右	滝沢
⑯	七戸　晴翔	2	165	56	右右	滝沢
⑰	大塚　哲平	2	171	64	右右	見前
⑱	工藤飛雄馬	1	174	81	右左	渋民
⑲	川村　陸翔	1	167	55	右左	矢巾
⑳	横田　和生	2	167	62	右左	乙部

盛岡工

◆部員／42人　◆責任教師／畠山善史　◆監督／細川幸希

背番号	氏名	学年	身長	体重	投打	出身中
❶	舘山　隼介	3	165	58	左左	一戸
②	打野龍飛虎	1	174	79	右右	滝沢南
③	米沢　祐哉	1	175	84	右左	雫石
④	大志田祐太朗	2	170	70	右右	奥中山
⑤	下坪　緒莉	2	168	77	右右	一戸
⑥	藤島　優翔	2	164	57	右右	巻堀
⑦	山田　太陽	3	175	68	右右	雫石
⑧	細川　快斗	1	172	58	右右	雫石
⑨	佐藤南海翔	2	167	55	右左	矢巾北
⑩	天瀬　優太	3	180	70	右右	矢巾北
⑪	佐藤　健太	2	166	60	右右	紫波一
⑫	石倉　来輝	3	170	78	右右	矢巾北
⑬	桜小路颯斗	3	168	67	右右	滝沢南
⑭	坂本　俊太	3	165	52	右右	渋民
⑮	朝賀　隆二	3	165	55	右右	滝沢
⑯	魚谷　洸成	3	168	66	右右	厨川
⑰	川原　秀斗	3	174	80	右右	矢巾
⑱	小比類巻竜汰	1	168	72	右右	見前
⑲	山本　陽樹	2	175	80	右右	雫石
⑳	宍戸　颯汰	1	168	63	右右	西根一

盛岡中央

◆部員／73人　◆責任教師／本間崇朗　◆監督／奥玉真大

背番号 氏名	学年	身長	体重	投打	出身中
①中清水宏成	2	174	73	左左	滝沢二
❷小笠原愛輝	3	173	80	右右	雫石
③西山　泰成	2	175	75	右右	北上
④小山　大成	2	170	60	右右	黒石野
⑤田代　　光	2	172	63	右右	遠野東
⑥立花　一星	3	170	60	右右	小川
⑦佐々木優太	3	179	70	右左	厨川
⑧大坊　飛翔	3	177	96	右左	上田
⑨磯野　夏月	3	176	64	左左	北陵
⑩宮野　康平	3	179	70	右右	大宮
⑪北田　博哉	2	171	75	右左	紫波二
⑫川村　優人	3	169	80	右右	滝沢二
⑬立花　七星	1	161	66	右右	小川
⑭倉橋　悠斗	3	175	80	右右	雫石
⑮和賀　千幸	2	179	68	右右	上野
⑯高橋　鉄毅	3	161	50	右右	和賀西
⑰千田　哲巳	3	172	56	左左	遠野西
⑱白畑　道光	2	173	66	右右	城東
⑲佐々木元翔	3	168	84	右右	岩泉
⑳小松　広大	3	176	91	右右	矢巾

盛岡大付

◆部員／123人　◆責任教師／松崎克哉　◆監督／関口清治

背番号 氏名	学年	身長	体重	投打	出身中
①竹ケ原瑛太	3	178	70	左左	宮城・志波姫
②小林　陸斗	3	173	75	右左	群馬・塚沢
③末広　陽向	3	175	80	右右	大阪・城東
④粕谷　秋偉	3	174	73	右左	茨城・美浦
⑤谷　哉磨斗	3	170	68	右左	栃木・栃木西
⑥伊藤　新太	3	167	65	右左	久慈
⑦中田　義斗	3	183	85	右左	矢巾北
❽諏訪　大成	3	173	75	右左	栃木・野木二
⑨玉沢　煌成	3	173	71	右右	中野
⑩坂本　遥輝	2	170	71	左左	茨城・土浦四
⑪石井　稜久	3	175	67	左左	茨城・伊奈東
⑫坂田宗次朗	2	173	81	右右	滋賀・高月
⑬桜庭　千晃	2	174	72	右右	青森・佃
⑭須藤　大和	3	168	73	左左	埼玉・松山
⑮上野　桔平	3	173	75	右右	松園
⑯平野　修至	1	175	70	右右	城東
⑰飯島　卓実	3	173	65	左左	茨城・牛久三
⑱橋本旺大郎	3	183	85	右右	神奈川・高津
⑲岩井　竜生	2	171	74	右右	埼玉・大東
⑳根本　千尋	3	165	75	右右	福島・中島

江南義塾盛岡

◆部員／13人　◆責任教師／菊池登志也　◆監督／村上宣樹

背番号 氏名	学年	身長	体重	投打	出身中
①細川　陽輝	2	162	48	右右	紫波二
②吉田　聖月	1	175	86	右右	矢巾
③神林　俐玖	3	168	58	左左	滝沢南
④亀沢　広翔	3	167	57	右右	見前南
⑤高橋　武寛	1	165	55	右両	巻堀
❻田沢　孝丸	3	163	56	右右	黒石野
⑦高橋　翔和	1	155	56	右右	厨川
⑧遠藤　快夢	1	164	60	右右	城西
⑨作山　一真	3	180	98	右左	見前南
⑩大坪　英雄	1	172	60	左左	盛岡・河南
⑪古川　　仁	2	173	66	右右	巻堀
⑫太田代裕斗	2	168	66	右右	下小路
⑬高橋　大地	1	178	60	右左	紫波一

盛岡市立

◆部員／53人　◆責任教師／佐々木康寿　◆監督／米田和靖

背番号	氏名	学年	身長	体重	投打	出身中
①	若狭　昊明	3	177	64	右右	城西
❷	藤村　大陸	3	179	77	右右	乙部
③	中野　瑠那	3	179	66	右左	雫石
④	田村　拓暉	3	170	61	右左	仙北
⑤	吉田　廉	3	185	92	右右	北陵
⑥	大山　依吹	3	173	64	右右	渋民
⑦	西村　大志	2	174	65	右右	仙北
⑧	天瀬　颯太	3	170	69	右右	雫石
⑨	田上　晴喜	3	168	60	右右	厨川
⑩	中村　皇太	3	168	56	右右	雫石
⑪	花坂　直人	2	176	64	右右	渋民
⑫	本田　大晴	2	173	56	右右	北陵
⑬	菅原　陽仁	3	182	75	右右	乙部
⑭	槙　将太郎	3	171	58	右右	城西
⑮	川上　智央	3	173	67	右左	奥中山
⑯	細野　清哉	3	175	65	右右	北陵
⑰	野田　康介	3	173	76	右左	滝沢南
⑱	横欠　崚大	3	166	60	右右	雫石
⑲	三上　瑛大	3	164	57	右右	北陵
⑳	小上　琉生	1	170	64	右右	見前

岩手

◆部員／12人　◆責任教師／米田耕市　◆監督／高橋拓也

背番号	氏名	学年	身長	体重	投打	出身中
①	広田　快斗	3	171	64	右右	矢巾
②	斎藤　健太	2	174	92	右右	盛岡・河南
③	北條　雄大	2	167	68	右右	秋田・生保内
④	工藤　駿希	2	164	72	右左	巻堀
⑤	釜崎　航大	3	170	60	右右	大宮
⑥	井畑　悠太	3	170	64	右右	雫石
⑦	栃沢　佑磨	3	173	65	右右	松園
⑧	小暮　洸二	2	174	71	右右	下小路
❾	吉田　豊	3	165	55	右右	仙北
⑩	佐藤さくら	2	170	61	右右	滝沢
⑪	沢目　啓太	2	173	68	右左	滝沢南
⑫	川又　唯人	1	165	60	右右	下橋

不来方

◆部員／11人　◆責任教師／本田青督　◆監督／菊池康弘

背番号	氏名	学年	身長	体重	投打	出身中
❶	大泉　輝流	3	170	58	左左	矢巾
②	浦田　悠太	2	174	67	右右	紫波一
③	加藤　宏道	1	179	75	右右	紫波一
④	和田　秀成	1	162	63	右左	見前南
⑤	雲足　琉星	2	169	91	右右	沼宮内
⑥	菅原　悠紘	2	170	65	右右	紫波一
⑦	米川　隼吾	2	166	47	右右	巻堀
⑧	吉田　悠翔	1	166	76	右右	大宮
⑨	鈴木　遥弥	1	161	52	右両	矢巾
⑩	山折　顕信	2	171	62	右右	花巻
⑪	柴田あい乙	1	173	66	右右	川口

平舘

◆部員／15人　◆責任教師／作山隼　◆監督／小林哲雄

背番号 氏名	学年	身長	体重	投打	出身中
①遠藤　玲於	2	177	96	右右	西根一
❷畠山　結樹	3	171	75	右右	安代
③小林　蓮大	3	174	61	左左	安代
④高橋　　匠	3	165	66	右両	西根
⑤佐々木輝琉	1	163	63	右右	松尾
⑥工藤　和都	2	174	65	右右	安代
⑦伊藤　琥珀	2	161	50	右右	西根
⑧津志田陸斗	2	177	76	右左	西根一
⑨斎藤　航河	2	176	60	右右	西根一
⑩大和　悠莉	2	170	56	左左	西根一
⑪工藤　唯人	2	160	48	左左	安代
⑫伊藤　雄成	1	181	59	右右	西根
⑬遠藤　大湖	1	164	59	右右	西根一
⑭八角　泰雅	1	158	42	右右	西根一
⑮滝川　唯斗	3	165	63	右右	西根

盛岡誠桜

◆部員／59人　◆責任教師／赤坂晴之介　◆監督／石橋智

背番号 氏名	学年	身長	体重	投打	出身中
①高橋　　脩	3	182	80	右右	巻堀
②川倉　大州	3	175	78	右右	巻堀
③平船　優月	3	183	100	右右	大野
④山本　祐貴	3	170	65	右右	埼玉・瑞穂
⑤守田　瑛斗	3	173	85	右右	仙北
⑥藤田　優月	1	170	60	右左	花輪
❼田中　幸希	3	172	72	左左	北陵
⑧倉野　　瞬	2	170	60	右左	大野
⑨佐々木創大	1	165	60	右左	秋田・横手北
⑩山口　翔大	2	170	74	右右	滝沢二
⑪小又　斗杏	1	174	65	左左	青森・青森西
⑫関谷　颯太	2	177	82	右右	土淵
⑬和嶋頼二朗	1	176	61	左左	青森・浦町
⑭松谷　莉秀	1	173	65	右右	東京・三沢
⑮今　　琉成	1	162	57	右右	大野
⑯相野　虎翔	2	167	58	右左	種市
⑰成ケ沢　興	3	170	67	右右	見前
⑱昆　　弘貴	3	170	70	左左	滝沢
⑲佐々木秋星	1	175	60	右左	秋田・中仙
⑳小野寺勇心	2	170	83	左右	水沢

花巻北

◆部員／32人　◆責任教師／上野秀久　◆監督／藤枝覚

背番号 氏名	学年	身長	体重	投打	出身中
①小原　慶人	3	173	66	左左	花巻
②宮野　　紘	3	172	68	右右	南城
③根子　雄成	3	175	69	右右	西南
④照井　悠人	2	166	62	右左	湯口
⑤高橋愛叶夢	2	171	70	右右	湯口
❻川原　友真	3	176	68	右右	花巻
⑦伊藤　望来	2	167	75	右左	北上
⑧小原　諒大	3	172	69	右左	西南
⑨高橋　皓太	3	175	63	右左	南城
⑩中島　　歩	2	171	68	右右	宮野目
⑪戸田　倖平	2	171	61	右右	南城
⑫細川　　琉	3	167	56	右左	紫波三
⑬小原　拓実	2	165	55	右左	西南
⑭伊藤　遥音	2	157	43	右左	紫波一
⑮山崎　光陽	2	169	71	右右	遠野東
⑯板橋　暖人	2	180	65	右右	矢沢
⑰鬼柳　柑汰	2	168	63	右右	北上
⑱有田　鵬尋	1	164	71	右右	遠野西
⑲蔦谷　建志	1	158	50	右右	花巻北
⑳柳田　爽良	3	173	59	右左	花巻

花巻農

◆部員／00人　◆責任教師／田巻晃　◆監督／今野信喜

背番号	氏名	学年	身長	体重	投打	出身中
❶	菅原　颯太	3	166	60	右右	東和
②	関口　幹太	2	170	53	右右	花輪
③	高橋　世良	2	170	92	右右	矢沢
④	牛崎　統真	2	164	53	右右	宮野目
⑤	及川　蘭斗	2	167	54	右右	東和
⑥	照井龍ノ介	2	167	64	右両	宮野目
⑦	伊藤　和	2	181	110	右右	湯本
⑧	吉田　遥翔	2	163	59	右右	湯本
⑨	千葉　敬士	2	167	60	右左	宮野目
⑩	小原　幸斗	2	163	61	左左	花巻北
⑪	鎌田　遥人	1	178	63	左左	宮野目
⑫	北村　尊	2	170	67	右右	花巻北
⑬	照井　結智	1	170	71	右右	宮野目
⑭	小原　由章	1	164	68	右右	花巻北
⑮	及川　智也	1	185	75	右右	東和
⑯	内舘　絆	1	178	61	右右	南城

花北青雲

◆部員／26人　◆責任教師／小原敬　◆監督／松浦友輔

背番号	氏名	学年	身長	体重	投打	出身中
①	佐藤　琉生	3	180	71	右右	南城
②	高橋　大惺	2	168	62	右左	石鳥谷
③	佐藤　迅	1	177	95	右左	湯本
④	藤原　侑世	3	162	62	右右	紫波一
❺	高橋　暖	3	162	60	右左	宮野目
⑥	武田　旭	3	158	62	右左	紫波三
⑦	小田島　龍	2	164	58	左左	湯本
⑧	葛巻　匠生	3	170	69	右右	宮野目
⑨	新渕　忠臣	2	173	89	右右	西南
⑩	安部　和真	3	165	51	右右	南城
⑪	杉山　翔生	3	163	69	右右	矢沢
⑫	瀬川　慧	2	167	65	右左	湯本
⑬	高橋　治暉	2	173	75	右右	湯本
⑭	藤井　大河	2	182	71	右右	湯口
⑮	石沢　悠人	1	169	56	右右	矢沢
⑯	小原煌次朗	1	168	59	右右	西南
⑰	阿部　賢真	1	167	67	右右	石鳥谷
⑱	猫塚　愛智	1	160	54	左左	西南
⑲	福士　連二	1	162	67	右右	紫波二
⑳	佐藤　太智	1	168	73	右右	花巻北

花巻東

◆部員／105人　◆責任教師／流石裕之　◆監督／佐々木洋

背番号	氏名	学年	身長	体重	投打	出身中
①	北條　慎治	3	185	82	右右	大船渡・一
②	小林　然	3	177	75	右左	上田
③	佐々木麟太郎	3	184	113	右左	江釣子
❹	千葉　柚樹	3	181	75	右右	水沢南
⑤	堀川　琉空	3	175	79	右右	秋田・生保内
⑥	熊谷　陸	3	175	65	右左	和賀西
⑦	寿時　東弥	3	170	71	右左	磐井
⑧	広内　駿汰	3	174	78	右右	見前
⑨	今野　憲伸	3	179	78	左左	盛岡・河南
⑩	阿部　颯太	3	174	73	右右	滝沢
⑪	佐藤　龍太	3	180	78	左左	秋田・下川沿
⑫	中屋敷祐介	3	183	74	右左	長内
⑬	中嶋　禅京	3	167	71	右右	花巻北
⑭	及川　諒也	3	171	66	左左	江刺南
⑮	晴山　太陽	3	175	75	右左	久慈
⑯	葛西　陸	2	168	60	左右	川崎
⑰	佐々木唯天	3	171	65	右右	水沢
⑱	小松　龍一	2	177	71	右左	崎山
⑲	簗田　蒼汰	2	175	70	右右	長内
⑳	久慈　颯大	3	171	73	右左	久慈

花巻南

◆部員／38人　◆責任教師／赤坂旭　◆監督／酒井典生

背番号 氏名	学年	身長	体重	投打	出身中
①平畑　愉楽	3	169	67	右右	石鳥谷
②平賀　晃成	3	179	67	右右	湯口
③伊藤　秀喜	3	168	60	右左	紫波一
④林崎　周生	3	171	61	右左	和賀西
⑤佐々木瀧惟	3	168	60	右左	紫波一
⑥鈴木　嵩生	3	173	71	右左	西南
⑦阿部　泰和	3	182	82	右右	花巻
❽原田　青空	3	168	65	右左	紫波一
⑨吉田　神威	3	173	75	右右	紫波二
⑩伊藤　晴輝	3	183	75	右右	花巻
⑪高橋　晃生	2	168	63	右右	北上北
⑫昆　　律希	2	175	65	右左	東和
⑬高橋　優人	2	175	65	右右	湯本
⑭金沢　徠晟	2	170	65	右左	湯口
⑮菊池　　晴	3	160	72	右右	東陵
⑯村上航志郎	2	167	61	右左	上野
⑰松川　颯太	3	174	60	右右	福岡
⑱晴山　　侑	2	170	63	右右	石鳥谷
⑲高橋　舷貴	2	183	76	右右	湯口
⑳千田　夕聖	2	170	56	右右	石鳥谷

遠野

◆部員／23人　◆責任教師／池田詠　◆監督／軽石智幸

背番号 氏名	学年	身長	体重	投打	出身中
①太田　遥稀	3	170	64	右右	遠野
②佐々木裕希	3	151	60	右右	遠野東
③山口　颯太	3	171	68	右左	遠野
❹佐々木脩希	3	157	60	右右	遠野東
⑤畑山　優磨	3	171	66	右右	遠野
⑥菊池　流生	2	172	59	右右	遠野
⑦伊藤　楓真	3	165	56	右右	遠野
⑧藤川　　仁	3	172	67	右右	遠野西
⑨菊池児羽也	2	182	84	右右	遠野
⑩菊池　海響	3	170	73	左左	遠野東
⑪菊池　駿斗	3	176	80	右右	遠野
⑫末崎　翔也	3	173	74	右右	遠野
⑬山口　晴大	3	170	80	右右	遠野
⑭菊池　　蓮	2	174	63	右右	遠野東
⑮留場　隆成	2	180	70	右右	遠野東
⑯似田貝璃玖	2	174	80	右右	遠野東
⑰佐々木太誠	2	181	71	右右	遠野東
⑱千葉　颯汰	1	178	95	右右	遠野
⑲菅田　光利	1	168	70	右右	遠野
⑳谷地　信遠	2	173	70	右両	遠野東

遠野緑峰

◆部員／15人　◆責任教師／小山健人　◆監督／鈴木裕生

背番号 氏名	学年	身長	体重	投打	出身中
❶似田貝　龍	3	180	65	右右	遠野東
②太田代伊吹	2	160	57	右右	遠野西
③大石　勇斗	1	168	78	右右	遠野東
④菊池　唯斗	1	162	56	右右	遠野
⑤白木沢龍真	2	170	75	右右	遠野東
⑥小松　　訊	2	162	63	右右	遠野西
⑦菊池　倫啓	2	162	57	右右	遠野東
⑧菊池　大地	2	163	49	右右	遠野東
⑨高成詩史丸	2	164	48	右右	遠野西
⑩菅原　　悠	2	167	58	右右	遠野西
⑪佐藤　　光	2	170	66	右左	遠野
⑫佐々木莉功	1	166	55	右右	遠野
⑬佐々木　爽	1	175	62	右右	遠野
⑭山口　詩音	1	172	55	右右	遠野
⑮白木沢彪真	1	171	64	右左	遠野東

黒沢尻北

◆部員／30人　◆責任教師／及川学　◆監督／佐藤牧人

背番号	氏名	学年	身長	体重	投打	出身中
①	城守　颯太	3	170	65	右左	上野
②	高橋　優希	3	177	72	右右	北上
③	高橋　蓮翔	3	173	100	右右	北上
❹	加藤　剣翔	3	158	50	右右	江釣子
⑤	添田　寿	2	170	75	右右	金ケ崎
⑥	松岡　直幸	3	173	67	右右	江釣子
⑦	藤原　航	3	176	62	左左	飯豊
⑧	佐藤　楓都	2	171	71	右右	湯田
⑨	高橋　史暉	3	170	68	左左	江釣子
⑩	江本　海聖	3	177	73	右右	江釣子
⑪	加瀬谷力輝	3	172	72	右左	北上
⑫	佐々木　望	3	175	60	右右	江釣子
⑬	小松　竜也	2	166	55	右左	水沢南
⑭	大御堂　旭	3	184	81	右右	江釣子
⑮	佐々木結太郎	3	170	60	右右	北上・南
⑯	高橋　蒼	3	165	63	右左	和賀西
⑰	鎌田　悠汰	3	183	80	右左	北上
⑱	高橋　昊生	3	173	60	右右	和賀東
⑲	藤村磨那斗	2	182	81	右右	北上北
⑳	熊谷　俊希	2	169	67	右右	北上北

黒沢尻工

◆部員／29人　◆責任教師／北田文祐　◆監督／兼田智

背番号	氏名	学年	身長	体重	投打	出身中
①	佐藤　柊葵	3	173	72	右右	胆沢
②	山田　架琉	3	164	66	右右	江刺南
③	佐藤　大樹	3	170	77	右右	水沢
④	早川　翔舞	3	164	67	右右	飯豊
❺	佐藤　暸太	3	175	78	右右	江刺南
⑥	須田　涼太	3	178	67	右右	和賀西
⑦	菅原　太一	3	174	67	右右	江刺一
⑧	小野　翔矢	3	166	59	右右	青森・三沢一
⑨	立石　智紀	3	173	63	右右	花巻北
⑩	佐藤　勇誠	3	174	63	右右	江刺南
⑪	菊池　練	3	171	73	左左	遠野
⑫	大槌　元稀	3	168	70	右右	宮古・河南
⑬	菊池　奏翔	3	174	69	右右	南城
⑭	菊池　絢翔	3	164	60	右右	江釣子
⑮	伊藤　綾佑	3	166	74	右右	江刺一
⑯	中山　心	3	175	77	右右	北上
⑰	高橋　亜門	2	174	71	右右	和賀東
⑱	高橋　永耀	2	167	66	左左	北上
⑲	高橋　優志	2	173	71	左左	南城
⑳	小原　遥翔	2	176	65	左左	北上

西和賀

◆部員／12人　◆責任教師／正木孝宗　◆監督／伊藤貴樹

背番号	氏名	学年	身長	体重	投打	出身中
①	高下　剣志	2	181	85	右右	沢内
②	佐藤　和則	1	168	90	右右	秋田・横手南
③	米沢　冬弥	1	164	60	右右	沢内
④	佐藤　彪磨	3	163	61	右右	北上・南
❺	高橋　潤哉	3	173	75	右両	湯田
⑥	小田島萩也	3	170	65	右両	湯田
⑦	藤原　颯太	3	175	75	右左	沢内
⑧	中里　誉	3	160	55	左左	沢内
⑨	伊藤　奨真	2	167	60	右右	東陵
⑩	柳村　慶悟	2	165	60	右右	北上
⑪	高橋　有廉	1	167	58	右両	沢内
⑫	高橋　蒼羽	1	158	87	右右	湯田

専大北上

◆部員／69人　◆責任教師／松戸裕和　◆監督／及川将史

背番号	氏名	学年	身長	体重	投打	出身中
①	板垣　翼	3	176	75	右右	宮城・小野田
②	近藤　大雅	3	174	80	右右	兵庫・上野
③	千田　愛琉	3	170	80	右右	胆沢
④	川崎　海璃	3	165	65	右左	神奈川・神田
⑤	斉藤　蒼波	3	173	72	右右	北上北
❻	辻野　翔空	3	170	75	右右	東京・武蔵村山五
⑦	坂本賢士朗	3	174	76	右右	神奈川・春日野
⑧	小保内壮太	3	182	74	右右	長野・清水
⑨	高橋　昇聖	2	172	74	右左	矢沢
⑩	杉山　優風	3	176	80	右右	宮城・山下
⑪	中沢　昊哉	3	172	75	右右	青森・相馬
⑫	沢田　皓輝	2	169	88	右右	南城
⑬	杉山　優空	3	180	83	右左	宮城・山下
⑭	山上広太郎	3	172	71	右右	宮城・南中山
⑮	江川　優伍	3	181	75	右右	紫波三
⑯	松下　流星	3	165	72	右右	兵庫・布引
⑰	秋山　幸輝	1	168	58	左左	宮城・亘理
⑱	桐原　碧大	2	171	66	左左	宮城・将監東
⑲	市村　胤	3	168	61	右右	東陵
⑳	伊藤　一裟	3	174	80	右右	南城

北上翔南

◆部員／4人　◆責任教師／菅野貴義　◆監督／小山泰伸

背番号	氏名	学年	身長	体重	投打	出身中
❶	小林　柊真	2	167	57	右右	北上
②	佐々木仙太	2	172	95	右右	北上
③	下瀬川　凜	2	173	50	左左	江釣子
④	高橋　功太	2	168	62	左左	江釣子
⑤	八重樫周平	1	169	49	右右	東陵
⑥	小原　遼平	2	171	58	右右	江釣子
⑦	高橋　稜太	2	164	50	右右	江釣子
⑧	高橋　大佑	2	169	62	右右	和賀東
⑨	小泉　柑太	2	176	67	右右	北上
⑩	川崎　那月	2	163	55	右右	和賀東

水沢

◆部員／35人　◆責任教師／遠藤利治　◆監督／佐々木明志

背番号	氏名	学年	身長	体重	投打	出身中
①	小野寺雄大	3	176	61	右右	胆沢
❷	松本　貫太	3	170	67	右右	金ケ崎
③	藤沢　朔	3	160	60	左左	金ケ崎
④	菊地　碧	3	169	60	右左	胆沢
⑤	佐々木洸聖	3	176	79	右右	前沢
⑥	高橋　幸正	2	163	60	右右	金ケ崎
⑦	千葉　陽都	3	176	74	右右	水沢南
⑧	浦川　優侑	3	163	66	右右	衣川
⑨	佐々木汰知	3	170	67	左左	江刺一
⑩	遠藤　太一	3	171	69	右右	江刺一
⑪	千葉　柊優	3	169	69	右右	水沢南
⑫	鈴木　碧	2	171	61	右右	胆沢
⑬	沢田　直英	3	172	69	右右	磐井
⑭	小沢　唯斗	2	161	63	右右	江刺南
⑮	及川　謙信	2	173	78	右右	平泉
⑯	佐藤　陸大	2	175	79	左左	江刺一
⑰	佐藤　裕太	3	167	60	右左	衣川
⑱	鈴木　悠平	2	184	70	右右	平泉
⑲	遠藤　佑希	1	164	56	右右	水沢南
⑳	菅野　礼雄	1	172	64	右左	北上

水沢商

◆部員／22人　◆責任教師／中村克巳　◆監督／及川優樹

背番号 氏名	学年	身長	体重	投打	出身中
①菊地　悠稀	3	168	62	右右	前沢
❷及川　陸斗	3	168	73	右左	江刺一
③千葉　俊輝	2	180	71	右右	東水沢
④高橋　　叶	2	167	73	右右	金ケ崎
⑤千田　一颯	2	175	75	右左	前沢
⑥沼倉　崇智	3	172	68	右右	前沢
⑦原田　　璃	3	177	77	右右	前沢
⑧五嶋　将平	3	160	58	右右	胆沢
⑨佐々木歩夢	3	166	65	右右	胆沢
⑩千葉　孔陽	2	168	71	右右	東水沢
⑪千葉　琉生	2	172	60	右右	水沢南
⑫千葉　誠也	2	169	68	右右	水沢
⑬三瓶　歩夢	2	179	60	右右	江刺南
⑭佐藤　琢磨	2	168	60	右左	東水沢
⑮佐藤　奏大	2	173	67	左左	胆沢
⑯高橋　大輝	1	166	65	右右	前沢
⑰遠藤　颯太	1	177	73	右右	水沢南
⑱高橋　琉晟	1	170	80	右右	衣川
⑲安藤　龍空	1	180	60	左左	水沢南
⑳千葉　健人	1	168	60	右右	江刺一

水沢工

◆部員／37人　◆責任教師／佐藤泰　◆監督／千葉渉太

背番号 氏名	学年	身長	体重	投打	出身中
①森岡　琉依	3	170	70	左左	水沢南
②斉藤　大気	3	172	60	右右	水沢南
③佐藤琉羽彩	2	164	75	右右	前沢
④及川　塁輝	1	168	64	右左	江刺一
⑤稲葉　航史	3	172	65	右右	水沢南
❻鈴木　　塁	3	164	72	右左	水沢南
⑦鈴木　重光	3	174	86	右右	前沢
⑧橋階　優雅	3	164	62	右右	平泉
⑨伊藤　友真	2	175	67	左左	東水沢
⑩室岡　大河	2	170	80	左左	水沢
⑪蔦　　和斗	3	168	72	右右	金ケ崎
⑫及川　琉翔	2	173	70	右右	胆沢
⑬阿部　成希	1	181	80	右左	江刺一
⑭三沢　柊羽	3	169	55	右左	胆沢
⑮千田　淳平	2	177	74	右右	江刺東
⑯佐藤　大智	2	172	61	右右	江刺一
⑰菅原　琉良	1	180	74	右右	衣川
⑱山崎　翔真	1	170	58	右左	江刺一
⑲菊池　涼馬	3	170	69	右右	江刺東
⑳高橋　　輝	2	169	88	右右	江刺一

水沢一

◆部員／17人　◆責任教師／千田将平　◆監督／伊藤善親

背番号 氏名	学年	身長	体重	投打	出身中
①佐藤　　航	3	170	62	右右	衣川
②高橋　　楓	2	161	66	右右	水沢
③三浦　悠太	3	179	80	右右	前沢
④千葉　大想	3	173	59	右左	水沢
⑤鈴木　比呂	2	178	66	右右	水沢
⑥織田　哲哉	2	158	51	右左	飯豊
⑦佐藤　　譲	2	176	70	右右	東水沢
❽高橋　　凪	3	176	74	右右	水沢
⑨永畠　剛輝	2	175	60	右右	磐井
⑩高橋　大知	2	172	76	左左	金ケ崎
⑪阿部　未聖	1	169	55	右右	前沢
⑫阿部　颯太	1	178	81	右左	前沢
⑬千田　結翔	2	171	52	右左	水沢
⑭千田　皇綺	1	178	91	右左	東水沢
⑮小野寺　隆	3	180	70	右右	前沢
⑯平井　　壱	2	167	83	右右	水沢
⑰高橋　翔真	2	171	73	右左	水沢

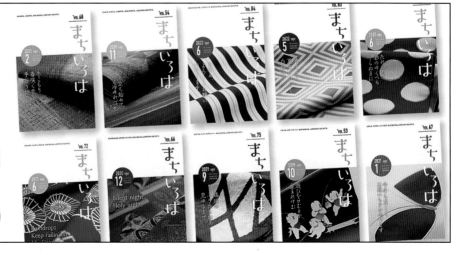

紫江連合

（金ケ崎・岩谷堂・前沢・紫波総合）

◆責任教師／森田洋　◆監督／千葉和馬

背番号 氏名	学年	身長	体重	投打	出身中
❶後藤　太陽	金3	162	63	右右	水沢南
②北條　真大	金3	170	77	右右	水沢南
③及川　慶	金3	161	99	右右	水沢南
④芦埜　悠也	紫2	167	54	右両	花巻
⑤千葉　燈太	前3	168	81	右右	平泉
⑥三浦　拓己	金2	170	55	右右	水沢南
⑦阿部　絢太	金2	164	55	右右	水沢南
⑧千田　琉斗	紫2	176	62	左左	東和
⑨佐藤　寛太	金1	172	63	右右	胆沢
⑩佐藤　汎	紫3	168	60	右左	紫波二

背番号 氏名	学年	身長	体重	投打	出身中
⑪阿部　友詩	岩2	157	46	右左	江刺東
⑫佐々木誠大	前2	172	70	右右	水沢南
⑬似内　龍昇	紫2	169	87	右右	宮野目
⑭及川　太陽	岩1	156	46	右右	江刺一
⑮高橋　弘海	岩1	170	86	右右	江刺一
⑯菊池　怜史	岩1	160	59	右右	江刺一

金=金ケ崎、岩=岩谷堂、前=前沢、
紫=紫波総合

一関一

◆部員／29人　◆責任教師／稲田翔吾　◆監督／千葉勝英

背番号 氏名	学年	身長	体重	投打	出身中
①菅原　春紀	3	177	74	右右	厳美
②岩渕　隼翔	3	176	79	右左	一関一高付
③斉藤　忠相	3	181	87	右右	一関
④宮崎　嗣規	3	164	64	右左	一関
❺熊谷　倖一	3	170	80	右右	千厩
⑥佐々木丈陽	3	168	62	右右	東山
⑦後藤　祥太	3	179	67	右左	千厩
⑧中川　大基	3	171	76	右左	一関
⑨永沢　快斗	3	167	57	右左	磐井
⑩小野寺健心	3	178	68	右右	大原

背番号 氏名	学年	身長	体重	投打	出身中
⑪古舘　秋陽	3	179	91	右左	一関一高付
⑫佐藤　琉晴	2	165	83	右右	桜町
⑬小野寺利輝	3	176	87	右右	東山
⑭小野寺毅途	3	172	77	右右	一関一高付
⑮小野寺　蓮	2	176	75	右右	衣川
⑯長坂　大成	3	176	71	左左	東山
⑰岩渕　倖大	3	173	69	右右	大東
⑱千葉　晴空	2	179	77	右右	千厩
⑲植村　英昊	2	165	60	右左	平泉
⑳菊地　遼太	1	168	64	右右	一関一高付

一関二

◆部員／24人　◆責任教師／小川賢作　◆監督／小山智之

背番号 氏名	学年	身長	体重	投打	出身中
①三浦　大人	3	174	67	右右	桜町
②小岩倫太郎	3	171	72	右左	厳美
③吉田　新太	3	177	83	左左	磐井
④真籠　航生	2	167	54	右右	衣川
⑤千田　心夢	2	170	62	右左	磐井
⑥佐藤真之将	3	167	74	右右	厳美
❼勝部　塁	3	183	73	右右	桜町
⑧佐藤　駿太	3	168	59	右右	藤沢
⑨山田　優雅	3	178	73	右右	桜町
⑩阿部　徠冬	3	177	72	右右	厳美

背番号 氏名	学年	身長	体重	投打	出身中
⑪菅原　錬	2	182	72	右右	厳美
⑫滝上　恭平	2	171	62	右右	厳美
⑬石川　陽基	2	170	62	右右	平泉
⑭菅原　魁人	2	170	68	右右	一関東
⑮佐藤　聡太	1	172	66	右右	萩荘
⑯勝部　聖	1	180	71	右左	桜町
⑰佐々木惺珂	1	174	80	右右	平泉
⑱佐藤　琢磨	1	167	68	右右	桜町
⑲及川　大空	1	170	68	右右	千厩
⑳佐々木優次郎	1	178	93	右右	平泉

一関工

◆部員／32人　◆責任教師／久保田晋太郎　◆監督／山崎久登

背番号 氏名	学年	身長	体重	投打	出身中
①立石　彩人	3	168	74	左左	厳美
②佐藤　俊輔	2	170	61	右右	花泉
③水戸　昇龍	2	181	88	右右	一関
④船山　　快	1	168	54	右左	萩荘
⑤木村　孝介	1	166	57	右右	平泉
⑥阿部　成樹	2	176	65	右両	花泉
❼小原　優斗	3	170	86	右右	一関
⑧小林　志縁	3	171	69	右右	花泉
⑨千葉　　卓	3	172	60	右右	花泉
⑩佐藤　　湊	2	178	76	右右	藤沢
⑪高橋　凌央	3	174	60	右左	厳美
⑫佐々木　瞬	3	166	61	右右	厳美
⑬山平　大成	3	175	67	右右	平泉
⑭佐藤　亘佑	2	168	55	右右	平泉
⑮大森　　蓮	3	173	85	右右	磐井
⑯佐々木瑞貴	3	180	57	右右	一関東
⑰千葉幸之助	2	160	55	右左	花泉
⑱熊谷　　頼	1	160	67	右右	一関
⑲小山　一稀	1	173	65	右左	千厩
⑳小野寺海斗	1	173	55	右右	一関東

花泉

◆部員／17人　◆責任教師／前田直樹　◆監督／新岡秀一郎

背番号 氏名	学年	身長	体重	投打	出身中
①佐藤　蕾晟	2	170	60	右右	花泉
❷山畑　晄成	3	165	75	右右	宮城·金成
③千葉　幸平	3	154	72	右右	花泉
④高橋　陸斗	3	161	47	右左	花泉
⑤佐藤　巧望	2	164	75	右右	花泉
⑥加藤　快人	3	165	59	右右	宮城·若柳
⑦小野寺　蓮	2	165	70	右右	花泉
⑧千葉　暖大	2	164	53	右右	宮城·若柳
⑨佐々木蹴磨	2	172	56	右左	花泉
⑩佐藤　夢月	2	173	62	右右	花泉
⑪佐々木蹴斗	3	168	57	右左	花泉
⑫熊谷　太志	3	167	88	右右	花泉
⑬佐藤　心人	2	175	77	右右	花泉
⑭中村　拓斗	3	172	98	右右	花泉
⑮菅原　成海	1	166	60	右右	花泉
⑯菅原　聡哉	1	160	50	右右	花泉
⑰高橋　千春	1	171	55	右右	宮城·若柳

一関学院

◆部員／98人　◆責任教師／立花孝之　◆監督／高橋滋

背番号 氏名	学年	身長	体重	投打	出身中
①小野 涼介	3	169	67	右右	宮城·南小泉
②小原 翔吾	3	172	73	右右	宮城·宮城野
③佐藤　駿	3	177	83	右右	宮城·高崎
④村上 海斗	3	175	76	右右	神奈川·南林間
⑤晴山 彰太	3	165	68	右左	花巻北
❻原田 大和	3	170	70	右右	川崎
⑦小沢 稜太	3	175	66	右左	宮城·柳生
⑧菅野 千陽	3	179	78	左左	宮城·郡山
⑨小野 唯斗	3	170	80	右右	宮城·多賀城二
⑩高橋 佑輔	3	174	73	右右	南城
⑪寺尾 皇汰	3	177	74	右左	一関
⑫梅田 昇希	2	176	67	右右	宮城·岩切
⑬山内　蓮	2	166	63	右左	宮城·蒲町
⑭菅野 陽生	2	166	65	右左	福島·東和
⑮小田嶋心潤	3	165	54	右左	矢沢
⑯鈴木　陸	3	170	68	右右	一関
⑰小山 礼莉	2	175	74	右右	宮城·高崎
⑱高沢 奏大	2	189	95	左左	宮城·岩沼
⑲大橋 直渡	3	172	69	左左	宮城·中田
⑳小野寺琉生	3	176	76	右右	胆沢

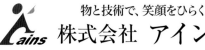

千厩

◆部員／17人　◆責任教師／佐藤生矢　◆監督／飯塚高

背番号 氏名	学年	身長	体重	投打	出身中
①佐々木悠大	3	161	80	右右	千厩
②菅原　陽央	2	171	65	右右	川崎
③及川　　晟	2	180	90	右右	藤沢
④飯坂　康平	2	163	80	右右	東山
⑤那須竜之介	2	177	65	右右	大東
❻小野寺颯太	3	167	60	右右	川崎
⑦佐藤　友哉	2	175	70	右右	藤沢
⑧佐野　博翔	3	183	92	右左	千厩
⑨佐藤　壮太	3	166	60	左左	東山
⑩村上　楓我	2	167	50	右右	興田

背番号 氏名	学年	身長	体重	投打	出身中
⑪伊藤　　翔	2	170	60	右右	藤沢
⑫千葉　琉生	1	163	71	右右	花泉
⑬菅原　大明	1	171	48	右左	東山
⑭佐藤　龍紀	1	165	61	左左	川崎
⑮佐藤　大飛	1	172	64	右左	東山
⑯伊藤　蒼生	1	168	57	右右	藤沢
⑰岩渕　良太	1	166	66	右右	室根

一関修紅

◆部員／18人　◆責任教師／真崎義明　◆監督／松好祐二

背番号 氏名	学年	身長	体重	投打	出身中
①佐々木快晟	3	183	75	右右	山田
②君成田　楓	3	169	82	右左	田野畑
③三浦　　浩	3	163	76	右右	舞川
④千葉　　匠	3	175	63	右右	厳美
⑤佐藤　　周	2	160	57	右右	山田
⑥小田　楓真	3	167	67	右右	久慈
⑦佐藤　芭玖	3	173	74	右右	水沢南
❽田村　大喜	3	164	61	右右	山田
⑨菊地　凌平	3	175	56	右右	桜町
⑩稲次　　征	1	164	60	右右	宮古西

背番号 氏名	学年	身長	体重	投打	出身中
⑪小西　　翼	2	173	59	左左	大槌学園
⑫大高　滉斗	2	172	65	左右	宮城・柳生
⑬袰野　啓心	1	170	92	右右	岩泉
⑭宍戸　　佑	1	168	55	右左	宮城・川崎
⑮橋本　　柊	3	170	72	右右	東山
⑯岡本　悠希	2	170	56	右右	一関
⑰及川　　悟	2	170	66	右右	桜町
⑱小野寺雄飛	2	163	50	右右	東水沢

大東

◆部員／15人　◆責任教師／森谷尚志　◆監督／青柳伸二

背番号 氏名	学年	身長	体重	投打	出身中
①伊藤　拓真	3	171	69	右右	大東
❷小島　　悠	3	169	68	右右	大原
③菅原　朝陽	2	174	78	右右	大原
④小山　拓馬	2	170	60	右右	興田
⑤菊池　陽太	2	160	68	右右	大原
⑥菅原　球磨	2	174	68	右左	大原
⑦千葉　快陽	2	176	68	右右	大原
⑧鳥畑　知也	2	178	76	右右	大原
⑨金野　幸世	2	163	60	右右	大原
⑩菅原　　慶	1	171	80	右右	大東

背番号 氏名	学年	身長	体重	投打	出身中
⑪菊池　康平	2	173	74	右右	川崎
⑫佐藤　昊河	1	167	87	右右	大東
⑬小山　陽也	1	176	60	右左	大東
⑭菊池　巧真	1	167	65	右左	興田
⑮小野寺由規	1	168	72	右右	川崎

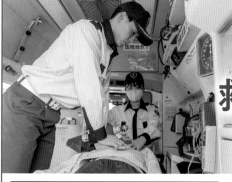

一関高専

◆部員／17人 ◆責任教師／中嶋剛 ◆監督／滝渡幸治

背番号 氏名	学年	身長	体重	投打	出身中
①菊地 爽真	3	176	64	右右	水沢南
②田中 尋斗	2	159	57	右右	釜石東
③菅原 奏来	3	178	71	右右	衣川
④田上 大喜	1	160	49	右左	厨川
❺阿部 光希	3	162	62	右右	宮野目
⑥藤田 櫂良	2	163	60	右右	宮城・利府西
⑦佐藤 将伍	3	174	82	右左	花泉
⑧高橋 璃久	3	165	60	右右	衣川
⑨及川 莉久	3	175	65	右右	江刺南
⑩千葉 博也	1	165	60	左左	平泉
⑪本郷 心暖	1	183	76	右右	東水沢
⑫佐藤 蓮月	1	170	57	右右	大東
⑬三浦 航琉	1	174	80	右右	東水沢
⑭高橋幸太郎	1	171	61	右右	平泉
⑮早坂 友宏	1	165	80	右右	宮城・色麻
⑯菅原 慎樹	1	164	50	右右	東山
⑰千葉 昂雅	1	168	52	右右	平泉

大船渡

◆部員／41人 ◆責任教師／田村宏光 ◆監督／新沼悠太

背番号 氏名	学年	身長	体重	投打	出身中
①佐々木怜希	3	178	72	右右	大船渡・一
②志田 隆祥	3	170	70	右右	赤崎
③上野 樹	3	176	73	右右	大船渡・一
④吉田 有我	3	166	61	右右	高田一
⑤三条 優介	3	171	78	右右	大船渡
❻今野秀太朗	3	165	66	右右	大船渡・一
⑦及川 駿	3	170	73	右左	高田一
⑧梅沢凜太朗	3	174	82	右右	大船渡・一
⑨山本 健世	3	167	61	左左	大船渡・一
⑩熊谷 滉太	3	174	67	右左	高田東
⑪熊谷 大我	3	175	62	右右	大船渡
⑫新沼 英治	2	175	66	右右	大船渡・一
⑬須藤 銀河	3	173	73	右右	大船渡・一
⑭佐藤 千秋	2	159	55	右左	東朋
⑮大森 康心	2	170	68	右右	大船渡・一
⑯熊谷 成海	3	163	58	右右	綾里
⑰芳賀 一惺	3	163	60	右右	大船渡・一
⑱臼井 哲	3	169	62	右右	末崎
⑲室 竣也	2	168	65	右左	東朋
⑳佐々木澄海	2	167	68	右左	大船渡・一

高田

◆部員／42人 ◆責任教師／岩渕晴 ◆監督／佐々木雄洋

背番号 氏名	学年	身長	体重	投打	出身中
❶菅野 竜輝	3	181	80	右右	高田一
②横沢 智大	3	172	76	右右	世田米
③戸刺 夢希	3	168	71	右右	高田一
④及川 裕生	3	164	70	右右	大船渡・一
⑤佐藤 温人	3	171	72	右右	高田一
⑥大和田駿汰	3	175	68	右右	高田東
⑦佐藤 優真	3	176	76	右右	大船渡・一
⑧千葉 葵翔	2	167	71	右左	大船渡・一
⑨近江 惺哉	2	164	60	右右	大船渡・一
⑩伊藤 俊瑛	3	173	77	右右	高田一
⑪千葉 来夢	2	167	70	右右	高田一
⑫須賀 大翔	2	171	55	右右	東朋
⑬菊池 陽介	3	173	68	右右	世田米
⑭熊谷 駿希	3	167	65	右右	世田米
⑮村上 友昭	2	168	57	右右	高田東
⑯上野 瑛輝	2	162	60	右右	高田東
⑰児玉 英音	2	168	64	左左	大槌学園
⑱熊谷 大地	3	172	75	右右	高田東
⑲斎藤 大惺	3	164	64	右左	大船渡・一
⑳清水 康佑	1	170	62	右左	高田一

釜石

◆部員／17人　◆責任教師／坂本涼太　◆監督／平野建

背番号 氏名	学年	身長	体重	投打	出身中
①阿部　煌大	3	174	63	左左	甲子
②千葉　栄輝	3	176	86	右右	甲子
❸小林　航大	3	172	73	右右	大槌学園
④前川　威吹	2	167	61	右右	釜石東
⑤唯野　唯任	2	165	49	右左	甲子
⑥阿部　　幹	3	179	76	右右	甲子
⑦佐々木太一	1	175	59	右右	釜石
⑧小笠原暖人	2	168	57	右右	釜石東
⑨小沢　一真	2	161	64	右右	釜石東
⑩前川　　弾	1	174	68	右右	吉里吉里
⑪佐々木　竜	1	174	60	右左	釜石
⑫岩沢　優真	1	170	70	右右	唐丹
⑬菊池　咲久	1	163	55	右左	遠野東
⑭千葉　太陽	1	168	66	右右	甲子
⑮久保　晴琉	1	170	65	右左	大平
⑯芳賀　銀志	1	171	62	右右	甲子
⑰千葉　颯希	1	164	45	右左	大平

釜石商工

◆部員／15人　◆責任教師／黒川滉大　◆監督／伊藤久起

背番号 氏名	学年	身長	体重	投打	出身中
①芳賀　蒼星	2	166	60	右右	大槌学園
②佐々木陽聖	3	174	74	右右	釜石東
③小笠原玲瑠	2	172	68	右両	釜石東
❹鳥居　睦樹	3	166	77	右右	大平
⑤堀内　駿汰	1	171	63	右右	大平
⑥寺崎　瑠唯	2	171	61	右右	吉里吉里
⑦真田　藍人	1	170	56	右左	大平
⑧川口　颯斗	2	168	47	右右	釜石東
⑨栗沢　大翔	2	170	60	右右	釜石東
⑩沢本　航汰	2	171	57	右左	釜石東
⑪柴田　　晄	1	168	70	右右	大平
⑫多田　大翔	1	151	36	右左	大平
⑬遠藤　啓史	1	164	48	右左	大平
⑭川崎　仁羽	1	171	55	右右	釜石
⑮箱石　陽士	1	173	66	右右	大平

宮古

◆部員／32人　◆責任教師／千葉貴瑛　◆監督／沢田靖永

背番号 氏名	学年	身長	体重	投打	出身中
①折祖　　希	3	165	65	左左	新里
②箱石　恭汰	2	168	69	右左	山田
③赤間　結斗	3	169	81	右右	津軽石
④由浜　　颯	3	166	46	右右	宮古西
⑤中村崇一郎	2	170	69	右左	津軽石
⑥三浦　　蓮	2	161	55	右右	小本
⑦田代　康太	2	166	56	左左	宮古西
❽有谷　拓翔	3	165	53	右右	田野畑
⑨堀内　塁生	3	169	69	右右	宮古西
⑩中里　優斗	3	168	77	右右	崎山
⑪盛合　真綺	3	156	50	右右	宮古・河南
⑫山根　恵太	3	159	70	右右	田野畑
⑬金沢　昂大	2	172	62	右右	山田
⑭船越　幹太	2	166	49	左左	宮古・河南
⑮上木　　伯	2	172	62	右左	新里
⑯伊藤　倖生	2	173	68	右右	津軽石
⑰斎藤　航成	2	169	53	右右	宮古・一
⑱木村　陽斗	2	173	60	右右	宮古・河南
⑲細越　有人	2	170	60	右右	宮古・河南
⑳沢田　健人	1	175	72	右右	花輪

宮古商工

◆部員／18人　◆責任教師／赤沼正博　◆監督／菊池暁

背番号 氏名	学年	身長	体重	投打	出身中
①古舘　興清	3	174	77	右右	山田
②貫洞　彩心	2	168	66	右右	山田
③永洞　寛大	3	180	88	右右	花輪
❹瀬川　　龍	3	165	63	右右	山田
⑤田代　　季	3	167	70	右右	宮古・二
⑥鳥居　柚良	2	171	60	右右	山田
⑦佐々木真斗	3	185	68	右右	宮古・河南
⑧佐々木蓮生	3	171	59	右左	崎山
⑨中谷　迅斗	3	173	74	左左	宮古西
⑩大久保哲平	3	176	69	右右	宮古・一
⑪菊池　晶斗	2	169	76	右右	宮古・二
⑫宮本　望叶	2	161	62	右右	山田
⑬川戸　　健	2	177	87	右右	宮古・二
⑭下山　　鷹	3	165	64	右右	田老一
⑮福士　　颯	3	171	70	右右	山田
⑯小林　慎弥	3	175	65	右右	宮古・二
⑰中村　裕誠	2	171	54	右右	宮古・一
⑱由浜　　駈	1	173	53	右左	宮古西

沿岸連合（岩泉・山田・大槌）

◆責任教師／菊池竜太　◆監督／板屋信良

背番号 氏名	学年	身長	体重	投打	出身中
①佐藤　暖斗	山3	163	63	左左	山田
②沢田　偉悠	岩1	162	45	右両	崎山
❸田口　大輝	大3	172	82	右右	大槌学園
④沢田　偉風	岩1	163	46	右右	崎山
⑤鈴口　巧真	岩1	160	51	右右	岩泉
⑥福士　来南	山1	166	63	右右	山田
⑦阿部淳之介	岩1	173	60	右右	岩泉
⑧柏谷　　翼	山1	172	68	右右	山田
⑨熊谷　新平	岩2	178	56	左左	田野畑
⑩山下　悠人	岩2	171	62	右右	普代
⑪中村慎之助	岩1	158	45	右右	田野畑
⑫堀合　楽翔	山1	169	74	右右	山田
⑬長崎　宗真	岩2	166	93	右右	岩泉

岩=岩泉、山=山田、大=大槌

大船渡東・住田

◆責任教師／佐々木卓磨　◆監督／佐々木貴大

背番号 氏名	学年	身長	体重	投打	出身中
①紺野 大道	住3	170	49	左左	大船渡・一
②上野 碧空	大3	182	71	右右	赤崎
③菊池 獅道	住3	167	85	右右	世田米
④菊地 匠巳	住3	164	58	右右	大船渡・一
⑤斉藤 桜汰	住3	172	91	右右	有住
❻金野 直人	住3	170	65	右右	大船渡・一
⑦今川 楓紀	住3	178	89	右右	大船渡・一
⑧千葉 拓斗	大3	165	60	右右	綾里
⑨佐々木友誠	住2	166	69	右左	甲子
⑩佐藤　　碧	大2	177	80	右右	高田東
⑪大坂 敦也	大2	166	74	右右	高田一
⑫中村 司恩	住1	170	88	右右	甲子

大=大船渡東、住=住田

久慈

◆部員／36人　◆責任教師／大畑伸悟　◆監督／菊池達朗

背番号 氏名	学年	身長	体重	投打	出身中
①下曽根悠誠	3	172	59	右左	久慈
❷米田　奏翔	3	173	70	右右	野田
③和野　虎牙	1	175	85	右右	長内
④宇部　智也	1	170	60	右右	宇部
⑤野田口太希	2	163	58	右右	普代
⑥西野　　匡	3	172	53	右左	久慈
⑦宇部　奨人	1	167	55	左左	宇部
⑧坂本　優真	1	170	70	右右	宇部
⑨遠藤　　碧	3	173	74	右右	久慈
⑩大湊　真白	2	179	70	右左	久慈
⑪泉川　拓斗	2	170	53	右右	三崎
⑫播磨　心和	3	167	65	右左	長内
⑬長根　大悟	2	179	70	右左	野田
⑭小松　　匠	2	161	51	右左	長内
⑮中村　翔旗	2	159	55	右左	野田
⑯川端　洋介	2	175	63	右右	久慈
⑰佐々木奨真	3	172	68	右右	久慈
⑱大沢　大翔	2	165	62	右右	久慈
⑲中村　匡吾	1	166	53	左右	久慈
⑳山田千叶良	1	169	63	右右	長内

久慈東

◆部員／31人　◆責任教師／佐々木達　◆監督／中村健

背番号 氏名	学年	身長	体重	投打	出身中
①小向　星汰	3	169	71	右右	久慈
②中崎　健聖	2	178	77	右左	種市
③黒坂　　陽	3	180	88	左左	種市
④桑田　優汰	3	177	76	右右	侍浜
⑤長内　大地	3	170	71	右右	久慈
⑥長谷　蓮太	3	176	68	右右	普代
⑦三上　珠来	2	170	66	右左	大野
❽玉沢　聖也	3	175	78	右右	種市
⑨坂本　勇人	3	176	73	右右	三崎
⑩高木　　耀	3	163	54	右右	長内
⑪林崎　隼汰	3	172	65	右右	侍浜
⑫西川　蒼空	2	167	76	右右	夏井
⑬下舘　桜河	3	173	64	右右	長内
⑭沢里　琉晟	3	168	85	右右	宇部
⑮舘石　潤綾	3	161	58	右右	久慈
⑯葛形　航陽	2	157	52	右右	普代
⑰渡辺　和真	2	173	59	右右	普代
⑱若狭　吾侑	2	165	60	右右	長内
⑲田村晃太郎	2	170	55	右右	侍浜
⑳小向　凌雅	3	160	58	右左	久慈

福岡

◆部員／32人　◆責任教師／山本敬一　◆監督／中田英次

背番号 氏名	学年	身長	体重	投打	出身中
①立崎　翔太	3	171	78	右右	一戸
②片野　佑太	3	178	70	右右	一戸
③向川原　煌	3	174	70	右右	葛巻
④坂本　瑛斗	2	170	67	右右	金田一
⑤高田　　結	3	180	76	右左	福岡
❻宮崎　秀都	3	179	79	右左	福岡
⑦村川　　脩	3	169	70	右左	福岡
⑧平　　頼汰	3	166	66	左左	福岡
⑨田村　尚大	3	161	67	右右	福岡
⑩七戸　和人	3	165	76	右右	九戸
⑪松沢　来也	2	168	62	右右	九戸
⑫平泉　紅葉	3	168	57	右右	福岡
⑬恵津森大貴	3	170	75	右右	江刈
⑭田頭　愛大	3	165	61	右右	一戸
⑮柳林　　駿	3	171	60	右右	福岡
⑯斉藤　祐斗	2	171	71	左左	一戸
⑰菅原　佑哉	2	176	62	右右	福岡
⑱小原　新生	2	170	66	右右	金田一
⑲菅原　晃斗	2	169	63	右右	福岡
⑳田口　琉惺	2	176	69	右右	福岡

福岡工

◆部員／12人　◆責任教師／吉田小百合　◆監督／中沢駿也

背番号 氏名	学年	身長	体重	投打	出身中
①工藤　利哉	3	172	66	右左	金田一
❷古舘琥太朗	3	167	66	右右	福岡
③小笠原魁吾	3	165	78	右右	福岡
④安堵城優豪	3	164	56	右左	九戸
⑤古舘　渓介	3	165	52	右右	福岡
⑥山下　颯也	3	173	63	右右	九戸
⑦上屋敷我空	2	163	58	右右	金田一
⑧小姓堂　刃	3	170	60	右右	一戸
⑨米田　博貴	3	169	56	右右	一戸
⑩佐々木　駿	2	154	38	右左	福岡
⑪高田　理央	1	164	70	右左	福岡
⑫古市　翔悟	3	170	48	右右	福岡

北三陸連合（大野・久慈工）

◆責任教師／川尻永規　◆監督／菊地良弘

背番号 氏名	学年	身長	体重	投打	出身中
❶細越　以真	大3	172	64	右右	大野
②林郷　善瞳	大2	177	61	右右	大野
③福島　功希	大2	173	64	右右	大野
④高屋敷葵汐	久2	164	60	右右	宇部
⑤林郷　瑠亜	大2	177	65	右右	大野
⑥三浦　圭介	久2	170	68	右左	小本
⑦池田　紫月	大3	164	56	右右	大野
⑧中村　透吾	久3	173	75	右右	久慈
⑨須田　智也	大1	165	54	右右	大野
⑩繋　　匠真	大1	161	75	右右	大野
⑪佐藤　圭吾	大1	160	68	右右	大野
⑫大久保美博	久1	169	59	右右	三崎

大=大野、久=久慈工

一戸・軽米連合

◆責任教師／高松俊介　◆監督／渡辺悠行

背番号 氏名	学年	身長	体重	投打	出身中
①田代　侑司	軽3	170	72	右右	軽米
②大谷　哲仁	軽3	181	74	右右	軽米
③三浦　崚雅	一2	176	70	右右	浄法寺
❹上平　　仁	一3	161	55	右左	一戸
⑤上村　夏空	一3	165	66	右右	一戸
⑥川畑　湧世	一2	170	60	右右	一戸
⑦細谷地心哉	軽3	158	63	右右	軽米
⑧古里　玲椋	軽3	171	55	右右	軽米
⑨寺地　就哉	軽3	158	53	右右	軽米
⑩小林　煌太	軽1	159	44	右右	軽米
⑪君成田広大	軽1	177	70	右右	軽米
⑫堀内　聖弥	一1	166	70	右右	一戸

一＝一戸、軽＝軽米

球児の夏　全力応援！

二戸市から「80キロ行軍」を敢行し、無事にきたぎんボールパークへ到着した福岡の応援団と生徒有志＝７月10日

福岡、伝統の「80キロ行軍」

福岡応援団と生徒有志の３年生24人は、50年以上続く伝統の「80キロ行軍」を敢行した。二戸市の校舎を７月９日午前５時に出発。29時間かけ盛岡市のきたぎんボールパークへ。ひたすら歩き、球児に熱い思いを届けた。

序盤は快調だったが、休憩を長めにしたことが裏目に出た。睡眠時間を１時間に削減し、遅れをカバー。午後11時ごろから夜通し歩き、試合開始予定の１時間半前の10日午前10時ごろ、全員で肩を組んでゴールした。

出発前に「県営球場までは70キロ余りだったが、新球場は10キロほど遠くなり、正式に80キロ行軍になった」と笑っていた安ケ平杏真団長（３年）は「先輩は余裕だと言っていたが、そんなことはなく、途中で諦めようと思った」と苦笑い。

有志の小原こころさん（３年）は弟・新生選手（２年）を応援しようと参加。「ゴールした時はうれしさよりも、時間内に到着できた安心感の方が大きかった」とほっとした表情を浮かべた。

頼れる女子ノッカー

一関修紅のマネジャー大山夏楓さん（３年）が、７月10日に行われた岩手との１回戦の試合前練習で、本県１号となる女子ノッカーを務めた。

宮城・古川東中１年からソフトボールを始め、高校進学を機に野球部に入部。２年夏に松好祐二監督から「ノッカーをやってみないか」と提案され、不安に思いながらも「自分がやることで、選手が一回でも多くノックを受けられれば」と挑戦した。「面倒見がよく、頼れる存在」と監督やチームメイトは口をそろえる。

「悔いが残らないように」という気持ちを込めてこの日もノックを打った。「負けてしまったけれど、選手が全力を出し切ってくれてよかった」と微笑んだ。

県勢戦績

平成・令和

※丸数字は①1回戦、②2回戦、③3回戦

年次	回	出場校	回戦		スコア	対戦校
【平成】						
1989年(元年)	71	**盛岡三**	①	●	0—10	福井商(福井)
1990年(2年)	72	**花巻東**	①	●	5—7	済々黌(熊本)
1991年(3年)	73	**専大北上**	①	○	3—2	村野工(兵庫)
			②	●	3—10	柳川(福岡)
1992年(4年)	74	**一関商工**	①	○	5—1	山口鴻城(山口)
			②	●	4—11	神港学園(兵庫)
1993年(5年)	75	**久慈商**	①	●	7—8	徳島商(徳島)
1994年(6年)	76	**盛岡四**	①	○	6—3	山陽(広島)
			②	●	0—1	水戸商(茨城)
1995年(7年)	77	**盛岡大付**	①	●	5—7	高知商(高知)
1996年(8年)	78	**盛岡大付**	①	●	0—2	東筑(福岡)
1997年(9年)	79	**専大北上**	②	○	2—1	履正社(大阪)
			③	●	0—11	敦賀気比(福井)
1998年(10年)	80	**専大北上**	①	△	6—6	如水館(広島)
					(降雨七回コールド、引き分け再試合)	
			①	●	5—10	如水館(広島)
1999年(11年)	81	**盛岡中央**	①	●	2—6	福知山商(京都)
2000年(12年)	82	**専大北上**	①	●	0—3	明徳義塾(高知)
2001年(13年)	83	**盛岡大付**	②	●	1—4	近江(滋賀)
2002年(14年)	84	**一関学院**	①	○	1—0	樟南(鹿児島)
			②	●	3—5	鳴門工(徳島)
2003年(15年)	85	**盛岡大付**	①	●	6—8	福井商(福井)
					(延長十回)	
2004年(16年)	86	**盛岡大付**	①	●	2—15	明徳義塾(高知)
2005年(17年)	87	**花巻東**	②	●	4—13	樟南(鹿児島)
2006年(18年)	88	**専大北上**	②	●	0—4	福岡工大城東(福岡)
2007年(19年)	89	**花巻東**	①	●	0—1	新潟明訓(新潟)
2008年(20年)	90	**盛岡大付**	②	●	3—8	駒大岩見沢(北北海道)
2009年(21年)	91	**花巻東**	①	○	8—5	長崎日大(長崎)
			②	○	4—1	横浜隼人(神奈川)
			③	○	4—1	東北(宮城)
			準々	○	7—6	明豊(大分)
					(延長十回)	
			準	●	1—11	中京大中京(愛知)
2010年(22年)	92	**一関学院**	①	●	0—11	遊学館(石川)
2011年(23年)	93	**花巻東**	①	●	7—8	帝京(東東京)
2012年(24年)	94	**盛岡大付**	①	●	4—5	立正大淞南(島根)
					(延長十二回)	
2013年(25年)	95	**花巻東**	②	○	9—5	彦根東(滋賀)
			③	○	7—6	済美(愛媛)
					(延長十回)	
			準々	○	5—4	鳴門(徳島)
			準	●	0—2	延岡学園(宮崎)

09年 花巻東がベスト4

17年 盛岡大付3発8強

年次	回	出場校	回戦		スコア	対戦校
2014年(26年)	96	**盛岡大付**	②	○	4—3	東海大相模(神奈川)
			③	●	1—16	敦賀気比(福井)
2015年(27年)	97	**花巻東**	①	○	4—2	専大松戸(千葉)
			②	○	8—3	敦賀気比(福井)
			③	●	3—4	仙台育英(宮城)
2016年(28年)	98	**盛岡大付**	①	○	8—6	九州国際大付(福岡)
			②	○	11—8	創志学園(岡山)
			③	●	9—11	鳴門(徳島)
2017年(29年)	99	**盛岡大付**	①	○	4—1	作新学院(栃木)
			②	○	6—3	松商学園(長野)
			③	○	12—7	済美(愛媛)
					(延長十回)	
			準々	●	1—10	花咲徳栄(埼玉)
2018年(30年)	100	**花巻東**	①	●	2—4	下関国際(山口)
					(延長十回)	
【令和】						
2019年(元年)	101	**花巻東**	①	●	4—10	鳴門(徳島)
2020年(2年)	102	**大会中止**				
2021年(3年)	103	**盛岡大付**	①	○	7—0	鹿島学園(茨城)
			②	○	4—0	沖縄尚学(沖縄)
			③	●	4—7	近江(滋賀)
2022年(4年)	104	**一関学院**	①	○	6—5	京都国際(京都)
					(延長十一回)	
			②	●	5—7	明豊(大分)

盛岡大付ー済美　5回表盛岡大付2死満塁、小林由伸(3年)が左中間へ満塁本塁打を放ち、6—2と勝ち越す。盛岡大付はこの試合、県勢最多となる19安打3アーチを放った＝2017年8月19日

大会(開催年)	出場校	回戦		スコア	対戦校
第82回(2010年)	**盛岡大付**	1回戦	●	4—5	中京大中京(愛知)
第84回(2012年)	**花巻東**	1回戦	●	2—9	大阪桐蔭(大阪)
第85回(2013年)	**盛岡大付**	2回戦	○	4—3	安田学園(東京)
		3回戦	●	0—3	敦賀気比(福井)
第88回(2016年)	**釜石**	1回戦	○	2—1	小豆島(香川)
		2回戦	●	1—9	滋賀学園(滋賀)
第89回(2017年)	**不来方**	1回戦	●	3—12	静岡
	盛岡大付	1回戦	○	10—9	高岡商(富山)
				(延長十回)	
		2回戦	○	5—1	智弁学園(奈良)
		準々決	●	1—8	履正社(大阪)

大会(開催年)	出場校	回戦		スコア	対戦校
第90回(2018年)	**花巻東**	2回戦	○	5—3	東邦(愛知)
		3回戦	○	1—0	彦根東(滋賀)
				(延長十回)	
		準々決	●	0—19	大阪桐蔭(大阪)
第91回(2019年)	**盛岡大付**	1回戦	○	3—2	石岡一(茨城)
				(延長十一回)	
		2回戦	●	1—9	龍谷大平安(京都)
第94回(2022年)	**花巻東**	1回戦	●	4—5	市和歌山(和歌山)

県勢の通算成績 15勝23敗

夏の甲子園

大正・昭和

※丸数字は①1回戦、②2回戦、③3回戦

年次	回	出場校	回戦		スコア	対戦校
【大正】						
1916年(5年)	2	一関中	①	○	3—2	京都二中(京都)
			準々	●	0—8	市岡中(大阪)
1917年(6年)	3	盛岡中	①	○	5—1	香川商(四国)
			準々	○	2—1	慶応普通部(関東)
			準	●	0—1	関西学院中(兵庫)
1918年(7年)	4	一関中	※米騒動で全国大会中止			
1919年(8年)	5	盛岡中	①	○	4—3	同志社中(京都)
			準々	○	1—0	松山商(四国)
			準	●	0—8	神戸一中(兵庫)
1920年(9年)	6	一関中	①	●	2—6	明星商(大阪)
1921年(10年)	7	盛岡中	②	○	5—4	市岡中(大阪)
			準々	●	2—5	豊国中(九州)
1926年(15年)	12	盛岡中	②	●	1—4	鳥取一中(山陰)
【昭和】						
1927年(2年)	13	福岡中	②	○	4—1	桐生中(北関東)
			準々	●	0—1	高松商(四国)
1928年(3年)	14	福岡中	①	○	9—4	神奈川商工(神静)
			②	●	2—4	平安中(京津)
1929年(4年)	15	福岡中	①	●	5—12	佐賀中(北九州)
1931年(6年)	17	福岡中	②	●	0—2	桐生中(北関東)
1932年(7年)	18	遠野中	①	○	4—2	平壌中(朝鮮)
			②	●	0—6	長野商(信越)
1933年(8年)	19	盛岡中	①	●	3—12	浪華商(大阪)
1936年(11年)	22	盛岡商	①	●	0—18	岐阜商(東海)
1940年(15年)	26	福岡中	②	●	0—6	高崎商(北関東)
1946年(21年)	28	一関中	①	●	4—11	鹿児島商(南九州)
1947年(22年)	29	福岡中	①	○	8—7	谷村工商(山静)
			②	●	8—9	高岡商(北陸)
1949年(24年)	31	盛岡	①	●	7—18	平安(京都)
1950年(25年)	32	盛岡	②	●	2—3	米子東(東中国)
1952年(27年)	34	盛岡商	②	●	0—6	八尾(大阪)
1955年(30年)	37	岩手	①	○	3—0	法政二(神奈川)
			②	●	1—3	坂出商(北四国)
1957年(32年)	39	黒沢尻工	①	●	1—3	寝屋川(大阪)
1958年(33年)	40	福岡	①	●	1—14	海南(和歌山)
1959年(34年)	41	宮古	①	●	0—6	静岡商(静岡)
1961年(36年)	43	福岡	②	○	7—6	釧路江南(北北海道)
			準々	●	0—5	桐蔭(紀和)
1963年(38年)	45	花巻北	②	●	0—3	広陵(広島)
1964年(39年)	46	花巻商	①	○	3—0	玉竜(鹿児島)
			②	●	2—3	高知(南四国)
1966年(41年)	48	花巻北	①	●	0—9	平安(京滋)

68年 盛岡一が8強入り

73年 盛岡三「旋風」16強

年次	回	出場校	回戦		スコア	対戦校
1968年(43年)	50	盛岡一	②	○	4—2	鴨島商(徳島)
			③	○	9—2	津久見(大分)
			準々	●	4—10	興南(沖縄)
1971年(46年)	53	花巻北	①	●	0—12	玉竜(鹿児島)
1972年(47年)	54	宮古水産	①	●	0—5	苫小牧工(南北海道)
1973年(48年)	55	盛岡三	①	○	1—0	八代東(熊本)
			②	○	1—0	藤沢商(神奈川)
			③	●	1—2	高知商(高知)
1974年(49年)	56	一関商工	①	●	1—9	平安(京都)
1975年(50年)	57	盛岡商	②	●	0—11	広島商(広島)
1976年(51年)	58	花北商	②	●	1—3	柳ケ浦(大分)
1977年(52年)	59	黒沢尻工	②	○	3—1	鹿児島商工(鹿児島)
			③	●	0—8	東邦(愛知)
1978年(53年)	60	盛岡一	①	●	0—7	報徳学園(兵庫)
1979年(54年)	61	久慈	①	●	3—12	浜田(島根)
1980年(55年)	62	福岡	①	●	2—4	大分商(大分)
1981年(56年)	63	盛岡工	①	●	0—9	報徳学園(兵庫)
1982年(57年)	64	盛岡工	①	●	2—4	福井(福井)
1983年(58年)	65	黒沢尻工	①	●	0—2	佐世保工(長崎)
1984年(59年)	66	大船渡	①	●	3—4	長浜(滋賀)
1985年(60年)	67	福岡	①	●	4—6	佐賀商(佐賀)
1986年(61年)	68	一関商工	①	●	1—4	岩国商(山口)
1987年(62年)	69	一関商工	②	○	3—0	宇和島東(愛媛)
			③	●	2—4	関西(岡山)
1988年(63年)	70	高田	①	●	3—9	滝川二(兵庫)

盛岡三−藤沢商　九回表藤沢商1死一、二塁、盛岡三は三ゴロ併殺で切り抜けてベスト16入り。主戦小綿は2試合連続の完封だった。この日の第3試合では、江川卓を擁する作新学院が0−1で銚子商に敗退した＝1973年8月16日

春のセンバツ出場校と戦績

大会(開催年)	出場校	回戦		スコア	対戦校
第27回(1955年)	一関一	2回戦	●	0—5	県尼崎(兵庫)
第30回(1958年)	遠野	1回戦	●	1—4	兵庫工(兵庫)
第34回(1962年)	宮古	1回戦	●	3—4	松山商(愛媛)
				(延長十五回)	
第38回(1966年)	盛岡商	2回戦	●	2—6	育英(兵庫)
第44回(1972年)	専大北上	1回戦	○	1—0	花園(京都)
		2回戦	●	1—4	日大三(東京)
第50回(1978年)	黒沢尻工	1回戦	●	0—1	箕島(和歌山)
第56回(1984年)	大船渡	1回戦	○	4—0	多々良学園(山口)
		2回戦	○	8—1	日大三島(静岡)
		準々決	○	1—0	明徳(高知)
		準決勝	●	1—2	岩倉(東京)

大会(開催年)	出場校	回戦		スコア	対戦校
第64回(1992年)	宮古	1回戦	●	3—9	星稜(石川)
第68回(1996年)	釜石南	1回戦	●	7—9	米子東(鳥取)
第75回(2003年)	盛岡大付	2回戦	●	0—10	横浜(神奈川)
第76回(2004年)	一関一	1回戦	●	0—6	拓大紅陵(千葉)
第78回(2006年)	一関学院	1回戦	●	1—2	岐阜城北(岐阜)
第80回(2008年)	一関学院	2回戦	●	1—4	東洋大姫路(兵庫)
第81回(2009年)	花巻東	1回戦	○	5—0	鵡川(北海道)
		2回戦	○	4—0	明豊(大分)
		準々決	○	5—3	南陽工(山口)
		準決勝	○	5—2	利府(宮城)
		決　勝	●	0—1	清峰(長崎)

夏1勝

十一回サヨナラ、前回4強破る

エースの一振りが一関学院に20年ぶりの「夏1勝」をもたらした。

京都国際との初戦、5―5で迎えた延長十一回。小松大樹主将（3年）が右前打で出塁し、千葉周永（3年）が犠打で送り、1死二塁と好機をつくる。

「全てを託していた」と高橋滋監督。打席に入った主戦寺尾皇汰（2年）への4球目だった。バスター打法から力強く振り抜くと、詰まりながらも中前へ。「落ちてくれ」―。祈るように一塁を駆け抜けると、運命の打球は中堅手の前で弾んだ。「いける。絶対ホームにかえる」。二走小松主将が一気に本塁へ生還。鮮やかなサヨナラ勝ちに、スタンドの盛り上がりは最高潮に達した。

岩手大会を勝ち上がってきた「つなぐ打撃」が、ここぞの場面で機能した。初回に1点を先制されたが、その裏にプロ注目左腕森下瑠大（3年）を攻

第104回全国高校野球選手権大会は８月６日～22日、兵庫県西宮市の甲子園球場で開催。本県代表の一関学院（12年ぶり７度目）は、前回４強の京都国際（京都）にサヨナラ勝ちし、20年ぶりに初戦突破を果たした。２回戦で明豊（大分）に敗れ、同校初の甲子園２勝には届かなかった。

決勝は、仙台育英（宮城）が下関国際（山口）を８―１で制して初の頂点に輝いた。東北勢の甲子園大会優勝は、春の選抜大会を含め史上初。春夏合わせて13度目の決勝挑戦で悲願を達成した。

仙台育英は本県出身の２選手がベンチ入り。釜石東中出身の洞口優人（３年）は、決勝の八回から三塁の守備に就いた。大船渡・一中出身の左腕仁田陽翔（２年）は、聖光学院（福島）との準決勝で３番手として登板し好投した。

一関学院の戦績

▽２回戦（８月12日、観客8000人）

明豊（大分）	000201202	7
一関学院	120010100	5

≪８時開始、10時25分終了≫

【評】一関学院は序盤のリードを守れなかった。初回、後藤の左前打で先制。二回は小松、小野涼の単打で１死一、三塁とし、菅野の二ゴロ、千田の中前打で３点差をつけた。１点差に迫られた五回は小野唯の右犠飛で加点。逆転された直後の七回は、後藤がこの日３安打目となる中前打で追いついた。

小野涼から四回２死で寺尾を送り、早めの継投で逃げ切りを図った。５―５の九回、３人目高沢が１死満塁から左前打、中犠飛を許し力尽きた。計10四死球と投手陣が粘り切れなかった。

明豊―一関学院　7回裏一関学院2死二塁、後藤叶翔の中前適時打で二走原田大和が生還。5―5の同点とする。捕手鈴木＝8月12日、甲子園球場

▽１回戦（８月６日、観客7000人）

京都国際（京都）	100000022 00	5
一関学院	301001000 01x	6

（延長十一回）
≪16時36分開始、19時６分終了、18時31分点灯≫

【評】一関学院が５―５で迎えた延長十一回１死二塁から、寺尾の中前適時打でサヨナラ勝ちした。先発の小野涼が九回途中まで粘り、無死一、二塁から救援した寺尾が同点打を許したが、直球を主体に丁寧にコースを突いて踏ん張った。打線は先制された初回に後藤の中前適時打、小松の右中間２点三塁打で３―１と逆転。鋭いスイングで着実に加点し、試合の流れを渡さなかった。

【明豊】

		打	安	点	振	球	犠	盗	失
⑦	高木[1]	3	2	1	0	2	0	0	0
⑤	宮崎[3]	3	2	0	0	1	1	0	2
⑥	後藤[3]	4	2	0	0	0	1	0	0
③	竹下[3]	5	0	1	0	0	0	0	0
⑨	嶽下[3]	3	1	1	0	2	0	0	0
④	牧野[3]	5	1	1	0	0	0	0	0
②	鈴木[3]	3	1	3	0	1	1	0	0
⑧	西村[2]	2	0	0	0	3	0	0	0
①	中山[2]	1	0	0	0	0	0	0	1
1	野村[3]	1	0	0	0	1	0	0	0
H	石川[3]	1	0	0	0	0	0	0	0
1	森山[2]	1	0	0	0	0	0	0	0
	計	32	9	7	0	10	3	0	3

【一関学院】

		打	安	点	振	球	犠	盗	失
⑥	原田[2](川崎)	3	1	0	0	2	0	0	0
⑦	千田[3](和賀東)	3	1	1	0	0	2	0	0
④	小杉[3](本荘東)	5	1	0	2	0	0	1	1
②	後藤[3](高田一)	4	3	2	0	0	0	0	0
⑨	小野唯[2](多賀城二)	3	0	1	0	0	1	0	0
③	小松[3](花泉)	4	1	0	1	0	0	0	0
⑤	千葉[3](西山)	2	0	0	0	1	1	0	0
①	小野涼[2](南小泉)	1	1	0	0	0	0	0	0
1	寺尾[2](一関)	2	0	0	1	0	0	0	0
1	高沢[1](岩沼)	0	0	0	0	0	1	0	0
1	大瀬[2](大平)	0	0	0	0	0	0	0	0
⑧	菅野[2](郡山)	4	0	1	2	0	0	0	0
	計	31	8	5	6	3	5	1	1

▽二塁打　嶽下＝7回
▽残塁　豊11－7
▽併殺　豊1(森山－後藤－竹下)千田＝9回
　　　　一1(原田－小杉－小松)竹下＝3回
▽暴投　高沢＝9回
▽審判(球)中西、野口、宅間、佐伯
▽試合時間　2時間25分

投手	回	打	投	安	振	球	失	責
中山	1⅔	11	42	5	0	1	3	2
野村	5⅓	21	77	2	4	1	2	1
森山	2	7	19	1	2	1	0	0
小野涼	3⅔	17	55	2	0	5	2	0
寺尾	2⅓	12	37	3	0	2	3	3
高沢	2⅔	15	63	4	0	3	2	2
大瀬	⅓	1	4	0	0	0	0	0

【京都国際】

		打	安	点	振	球	犠	盗	失
③	平野[3]	6	2	2	0	0	0	0	0
⑧	三浦[3]	5	2	0	0	0	1	0	0
②	辻井[3]	4	1	2	0	0	1	0	0
①9	森下[3]	4	1	0	0	1	0	0	1
⑤	金沢[2]	4	2	1	0	0	1	0	0
⑦	岩内[3]	4	1	0	0	1	0	0	0
⑥	藤本[1]	3	0	0	0	0	0	0	0
H	秋山[3]	0	0	0	0	1	0	0	0
6	小林[2]	1	1	0	0	0	0	0	0
⑨	小山田[3]	2	1	0	0	0	0	0	0
1	森田[3]	1	0	0	0	0	0	0	0
H	亀田[3]	0	0	0	0	1	0	0	0
1	松岡[2]	1	0	0	0	0	0	0	0
④	上野[3]	2	0	0	0	0	2	0	0
H	梅田[3]	1	0	0	0	0	0	0	0
4	石田[3]	0	0	0	0	0	0	0	0
	計	38	11	5	0	4	5	0	1

【一関学院】

		打	安	点	振	球	犠	盗	失
⑥	原田[2](川崎)	5	1	0	1	0	0	0	1
⑦	千田[3](和賀東)	3	1	0	0	1	1	0	0
④	小杉[3](本荘東)	4	2	0	0	0	1	0	0
②	後藤[3](高田一)	5	3	2	0	0	0	0	0
⑨	小野唯[2](多賀城二)	5	1	0	0	0	0	0	0
③	小松[3](花泉)	5	3	2	0	0	0	0	0
⑤	千葉[3](西山)	4	1	1	0	0	1	0	0
①	小野涼[2](南小泉)	3	0	0	0	0	0	0	0
1	寺尾[2](一関)	2	1	1	1	0	0	0	0
⑧	菅野[2](郡山)	4	0	0	3	0	0	0	0
	計	40	13	6	5	1	3	0	1

▽三塁打　小松＝1回
▽二塁打　辻井＝1回、三浦＝8回
▽残塁　京9－7
▽併殺　京1(藤本－平野)小松＝3回
　　　　一2(小杉－原田－小松)岩内＝6回
　　　　　(寺尾－原田－小松)松岡＝10回
▽審判(球)鈴木、永井、田端、井狩、佐伯、深沢
▽試合時間　2時間30分

投手	回	打	投	安	振	球	失	責
森下	3	15	46	5	2	1	4	4
森田	5	18	63	4	1	0	1	1
松岡	2⅓	11	45	4	2	0	1	1
小野涼	8⅔	35	99	8	0	3	5	5
寺尾	3	12	54	3	0	1	0	0

※名前の後ろの[1][2][3]は学年

一関学院20年ぶ

京都国際に勝利し、20年ぶりの夏1勝を喜ぶ一関学院の選手たち＝8月6日、甲子園球場

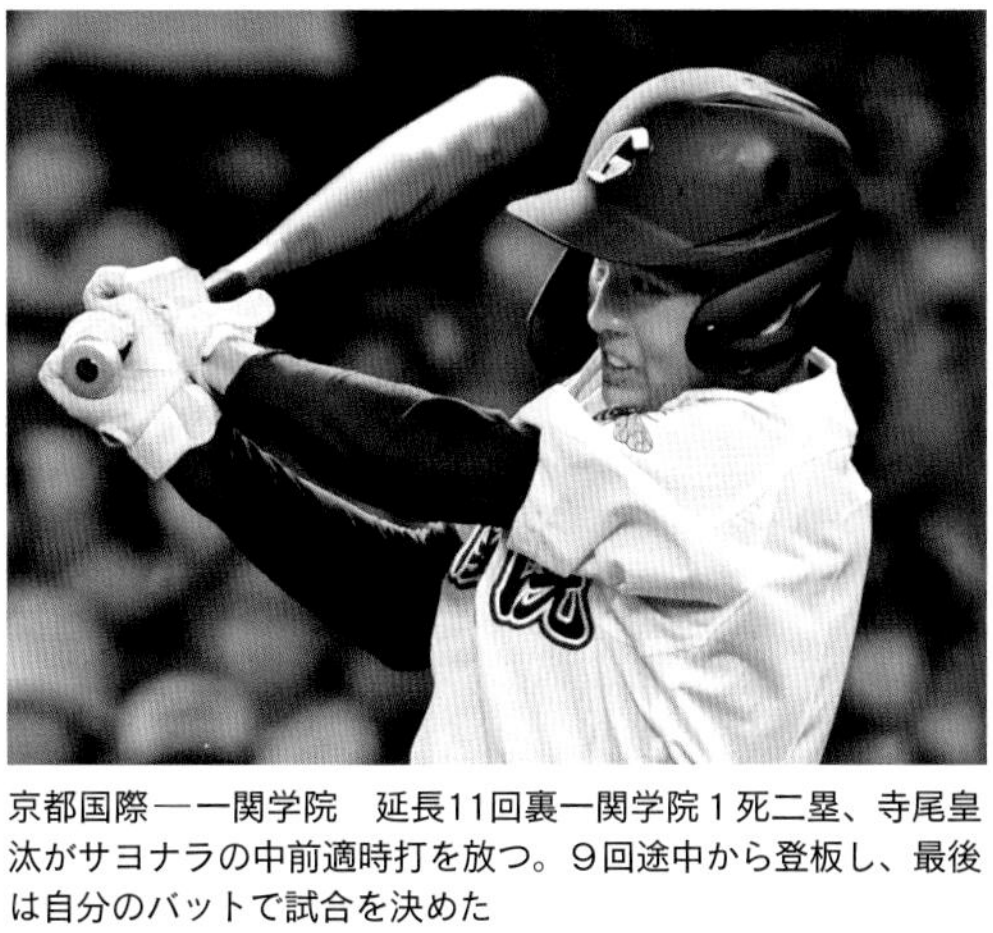

京都国際－一関学院　延長11回裏一関学院1死二塁、寺尾皇汰がサヨナラの中前適時打を放つ。9回途中から登板し、最後は自分のバットで試合を決めた

略。1死からの3連打で同点とし、2死一、二塁から小松主将の右中間2点三塁打で勝ち越した。「低い打球を打て」という指揮官の指示通り、ライナー性の打球が何度も何度も外野に抜けた。試合を通じて13安打を放った。

　高橋監督は「初回に3回を取り返したことが大きかった」と振り返り、「しっかり戦えると勇気をもらった。私たちにとって大きな1勝」と選手たちをたたえた。

盛岡三4強

「全員野球」貫き9年ぶり

第70回春季東北地区高校野球大会は6月7日～11日に盛岡市と花巻市で開かれ、本県第3代表の盛岡三が第61回大会の準優勝以来9年ぶりに4強に進んだ。県勢は花巻東（第1代表）、一関学院（第2代表）、盛岡三がいずれも初戦を突破した。

八戸学院光星（青森第2代表）が仙台育英（宮城第1代表）を下し、17年ぶり2度目の頂点に立った。

「公立校でもやれる」を掲げ、盛岡三が「全員野球」で東北4強に駆け上がった。2022年夏の甲子園覇者の仙台育英（宮城第1代表）に敗れたが、田村悠人主将（3年）は「自分たちの野球は強豪にも通用した。この経験はチームにとって自信になった」と誇らしげに語った。

「低く強い打球」の意識を徹底し、八戸工大一（青森第1代表）戦をコールドで突破。日大山形（山形第2代表）との準々決勝では、長短12安打で6点を奪った。

準決勝は無得点に終わるも、走者が出ると盗塁やエンドランなど積極的に仕掛けた。

堅守が随所に光った。準々決勝では遊撃手の駒井優樹（3年）が好プレー。外野に抜けそうな当たりやイレギュラーした打球など六つのゴロをさばいた。三回は右翼手の玉川仁乃助（3年）が前進してダイビングキャッチ。無失策の守備で盛り立てた。

ベンチ外のメンバーの貢献も欠かせない。大会中は午前3時過ぎまで相手の投打データを分析。対策を生かして毎試合打者ごとに守備位置を大きく変え、失点を防いだ場面が印象的だった。

盛岡三の戦績

▽準決勝（6月10日）

■きたぎんボールパーク（盛岡市）

盛岡三	000000000	0
仙台育英（宮城）	00100020×	3

【盛岡三】

		打安点振球
⑤	松田	30010
⑧	菊地	40020
⑥	駒井	40000
⑦	阿部	32000
③	橋本	30020
3	鈴木	00000
②	田村	31010
⑨	玉川	31010
①	藤枝	10000
H	平子	10010
4	沢田	00000
④	村上	21010
H	平沢	10000
1	杉沢	00000

犠盗失併残
20213　285090

投手	回	打安振球失
藤枝	7	327143
杉沢	1	40110

【仙台育英】

		打安点振球
⑧	橋本	42100
⑥	山田	41010
⑤	湯浅	41100
⑨	斎藤陽	42000
③	鈴木	41000
4	登藤	00000
④3	住石	00004
⑦	伊藤	10000
H7	浜田	20000
①	高橋	20000
H	斎藤敏	00001
R	浅面	00000
1	湯田	10010
②	尾形	20000
H	下山	10000
2	細田	00000

犠盗失併残
23019　297225

投手	回	打安振球失
高橋	7	245600
湯田	2	60300

▽二塁打　橋本、斎藤陽（仙）
▽暴投　杉沢（盛）1＝八
▽審判　球審＝長内　塁審＝藤田、新沼、高橋
▽試合時間　2時間9分

【評】盛岡三は全国レベルの強豪に食らいつき、終盤まで互角の投手戦だった。三回に2失策が絡み1点を先制されたが、先発藤枝が粘り7回3失点で踏ん張った。

打線は5安打したが、2度の得点機を生かせず、七回以降は無安打と失速した。相手投手陣は快速球に加えて四死球ゼロ、バックも無失策と隙がなく、反撃の糸口をつかめなかった。

仙台育英との準決勝で2安打を放ち、気を吐いた盛岡三の阿部蒼流＝6月10日、きたぎんボールパーク

▽準々決勝（6月8日）

花巻球場（花巻市）

盛岡三	111001020	6
日大山形（山形）	100000010	2

【盛岡三】		打安点振球
⑤	松田	52111
⑧	菊地	50000
⑥	駒井	51010
⑦	阿部	52100
②	田村	42101
③	鈴木	22102
⑨	玉川	52100
①	藤枝	30001
④	村上	31002

犠盗失併残		
310014		3712527

投手	回	打安振球失
藤枝	9	379712

【日大山形】		打安点振球
⑧	清野	53110
④	土屋	31010
H5	鈴木	10000
⑤4	笹	41000
⑨	遠藤	42100
③	沼沢	30010
H3	小野	10010
⑦	杉浦	30000
H7	井上	10010
⑥	那須	31010
H	今田	10000
①	山田	00000
1	佐藤	20000
1	本田	21000
②	高橋	20001
H	渡辺	10010

犠盗失併残		
01218		369271

投手	回	打安振球失
山田	1⅓	102032
佐藤	4⅔	227112
本田	3	153132

▽本塁打　清野（日）
▽三塁打　鈴木（盛）
▽二塁打　駒井、玉川（盛）遠藤（日）
▽暴投　藤枝（盛）1＝一、佐藤（日）1＝三
▽審判　球審＝清水　塁審＝森山、下川原、伊藤
▽試合時間　2時間19分

【評】盛岡三が序盤から小刻みに得点を重ねて押し切った。初回は敵失絡みで先制。二回は押し出し四球、三回は田村の中前打で3―1とした。六回は阿部の右前適時打、八回は鈴木、玉川の連続長打で2点を加えた。先発藤枝は被安打9、7奪三振で要所を締めて2失点で完投した。

▽1回戦（6月7日）

花巻球場（花巻市）

八戸工大一（青森）	0001000	1
盛岡三	300500×	8

（七回コールド）

【八戸工大一】		打安点振球
⑤	中田	30000
⑦	今野	31000
⑥	長谷地	30000
③	最上	31100
②	藤島	31000
⑨	織笠	20000
①	斎藤	00000
1	白石	00000
1	金渕	10010
H	松村	10000
1	庭瀬	00000
H	坂下	10000
⑧	杉山	32000
④	山田皇	30000

犠盗失併残		
10405		265110

投手	回	打安振球失
斎藤	⅓	42013
白石	⅓	42110
金渕	3⅓	184235
庭瀬	2	82010

【盛岡三】		打安点振球
⑤	松田	21012
⑧	菊地	42000
⑥	駒井	42000
⑦	阿部	42300
②	田村	41000
③	鈴木	20112
⑨	玉川	20012
①	藤枝	32200
④	村上	30000

犠盗失併残		
03108		2810636

投手	回	打安振球失
藤枝	7	275101

▽本塁打　最上（八）
▽審判　球審＝佐藤　塁審＝昆、佐久間、宇都宮
▽試合時間　2時間8分

【評】盛岡三が相手のミスを逃さず、効果的に得点し、青森王者に七回コールド勝ちした。初回1死二、三塁から阿部の先制2点打などで3―0とし、四回は敵失や押し出し四球が絡み、3安打ながら5点を加えた。先発右腕の藤枝は被安打5、1失点の好投だった。

準々決勝で日大山形に勝利し、ベスト4進出を喜ぶ盛岡三の選手＝6月8日、花巻球場

2年生藤枝　エースの仕事

仙台育英の強力打線を相手に力投する2年生の主戦・藤枝歳三＝6月10日、きたぎんボールパーク

今大会からエースナンバーを背負った藤枝歳三（2年）が全3試合で先発。2試合を完投し、準決勝では仙台育英打線を六回まで4安打1失点。七回に2点を奪われるも「最少失点に抑えることができた。自分の投球ができたのは頼れる先輩たちが後ろにいるおかげ」と感謝した。

直球と同じ腕の振りから繰り出す、チェンジアップとカットボールが持ち味だ。冬期間に筋力強化を図り、下半身主導の投球フォームにしたことでリリースポイントが安定。試合終盤も球威は落ちず、制球が乱れなくなった。

名前の由来は父が好きだった新撰組の土方歳三。「その名に恥じないような活躍をしたい」と、飛躍を誓う背番号1は、気迫の投球でチームをけん引した。

花巻東零封リレー　初戦突破

仙台商―花巻東　７回無失点と好投した花巻東の中屋敷祐介。冷静なマウンドさばきを見せた＝６月７日、きたぎんボールパーク

花巻東は公式戦初先発の中屋敷祐介（３年）が７回２安打無失点の好投。２番手の小松龍一（２年）も２回無安打に抑え、大事な初戦を勝利に導いた。中屋敷は「内容にはまだまだ満足していないが、点を取られなかったことは自信になった」と控えめに喜んだ。

右横手から１３０キロ台の直球と変化球を投げ分け、打たせて取る投球を貫いた。走者を出しても「しゃー」と気迫を前面に出し「絶対に抑えるんだという気持ちを常に持っていた。バックが声をかけて支えてくれたことも大きかった」と仲間に感謝。地区予選、県大会ともベンチ外だった右腕が持ち味を出し、充実感に浸った。

新球場で硬軟合同開会式

選手宣誓する硬式の千葉柚樹主将（左、花巻東）と軟式の高橋飛純主将（専大北上）＝６月６日、きたぎんボールパーク

硬式の第70回春季東北地区高校野球大会と軟式の第17回春季東北地区高校野球大会の合同開会式は６月６日、盛岡市のきたぎんボールパークで行われた。硬式14校に続いて軟式７校がはつらつとした表情で入場行進。「イチ、イチ、イチニー」と元気なかけ声が新球場に響いた。

硬式の千葉柚樹主将（花巻東３年）、軟式の高橋飛純《ひず》主将（専大北上３年）が一緒に選手宣誓。「新しい球場で初めて開催される硬式野球と軟式野球の合同東北大会。この大会で得た経験と培った力を夏のそれぞれの選手権大会につなげられるよう、今私たちはここ岩手県で共に走り出します」と宣誓した。

花巻東の千葉主将は「久しぶりの開会式でモチベーションが上がった。強豪校に挑み、自分たちの実力をさらに上げて夏につなげたい」と力を込めた。

花巻東の戦績

▽準々決勝（６月８日）

花巻球場（花巻市）

ノースアジア大明桜（秋田）	003010100	5
花　巻　東	020000000	2

【ノースアジア大明桜】

		打安点振球
⑤	吉　野	52100
④	土　田	51000
⑦	松　橋	44001
②	吉　川	53410
③	前　田	40000
⑧9	小　嶋	40010
①	難　波	20010
1	加藤悠	21010
⑨	加藤世	21011
8	篠　崎	10010
⑥	猪　原	31020

犠盗失併残……………………
11328　　3713582

投手	回	打安振球失
難　波	4⅔	175222
加藤悠	5	211140

【花巻東】

		打安点振球
①6	熊　谷	30011
②	小　林	50010
③	佐々木麟	20002
④	千葉柚	42000
⑦	北　條	31011
⑨	今　野	10000
H9	及　川	10000
H9	広　内	10001
⑤	堀　川	00001
1	中屋敷	10000
1	小　松	20000
⑥5	晴　山	42100
⑧	久　慈	31000

犠盗失併残……………………
11119　　306136

投手	回	打安振球失
熊　谷	2⅔	137003
中屋敷	1⅓	93111
小　松	5	183711

▽二塁打　加藤世、吉川（ノ）
▽妨害出塁　久慈（花）（吉川）
▽暴投　小松（花）１＝九
▽審判　球審＝油井　塁審＝宇都宮、鈴木、菩提野
▽試合時間　２時間24分

【評】花巻東は二回に晴山の中前適時打などで２―０と先制したが、中盤以降は攻めあぐねて追加点が奪えなかった。五回は佐々木麟が申告敬遠され２死満塁、七回も四球で歩かされ２死一、二塁としたが後続が倒れた。五回途中から登板した小松が１失点と力投した。

▽１回戦（６月７日）

きたぎんボールパーク（盛岡市）

仙台商（宮城）	000000000	0
花　巻　東	1000001０×	2

【仙台商】

		打安点振球
⑦	只　野	20011
⑤	佐藤志	30001
⑨	菅　野	30011
⑧	熊　坂	40010
③	郷　家	30010
②	佐々木	31010
④	古　川	30010
⑥	桜　井	20000
H	佐藤遥	10000
1	作　田	00000
①	阿　波	21000
H	加藤康	10000
6	加藤直	00000

犠盗失併残……………………
10124　　272063

投手	回	打安振球失
阿　波	7	299222
作　田	1	30000

【花巻東】

		打安点振球
⑥	熊　谷	40010
②	小　林	43100
③	佐々木麟	41000
④	千葉柚	42100
⑦	北　條	31001
⑨	藤　原	10000
9	広　内	21000
⑤	晴　山	31000
①	中屋敷	10010
H	菅　原	00001
R	簗　田	00000
1	小　松	00000
⑧	久　慈	30000

犠盗失併残……………………
11006　　299222

投手	回	打安振球失
中屋敷	7	252430
小　松	2	60200

▽二塁打　佐々木（仙）佐々木麟（花）
▽審判　球審＝藤田　塁審＝油井、里見、阿部
▽試合時間　１時間56分

【評】花巻東は投手陣が踏ん張り、相手打線を零封して初戦を突破した。先発した中屋敷が７回２安打と安定感抜群の投球。小松は２回を無安打で締めた。打線は初回、小林と佐々木麟の連打で１死二、三塁と攻め、千葉柚の中前打で先制。七回は小林が右前打を放ち、２―０とした。

一関学院の戦績

▽準々決勝（6月8日）
きたぎんボールパーク（盛岡市）

仙台育英（宮城）	0200303	8
一関学院	0000000	0

（七回コールド）

【仙台育英】			打安点振球
⑧	橋	本	42000
⑥	山	田	31001
⑤	湯	浅	42200
5	登	藤	00000
⑨	斎藤	陽	30011
③	鈴	木	42300
4	浅	面	00000
⑦	浜	田	20012
④3	住	石	20012
①	田	中	21200
H	斎藤	敏	11000
R	佐	藤	00000
1	仁	田	10000
②	尾	形	31000
犠盗失併残			
04116			2910736

投	手	回	打安振球失
田	中	5	194310
仁	田	2	70410

【一関学院】			打安点振球
⑥	原	田	30010
⑦	山	内	31010
⑧	菅	野	30010
②	梅	田	11002
⑤	佐藤	駿	30010
⑨	小野	唯	31000
③	佐藤	誠	30020
①	小野	涼	00000
1	寺	尾	10000
1	小	山	00000
H	松	本	10010
④	村	上	21000
犠盗失併残			
11215			234072

投	手	回	打安振球失
小野	涼	4⅓	216145
寺	尾	1⅔	114023
小	山	1	30200

▽三塁打　鈴木（仙）
▽二塁打　田中、湯浅（仙）
▽審判　球審＝木下　塁審＝佐藤、下天广、佐久間
▽試合時間　1時間46分

【評】一関学院は打線が4安打に抑え込まれ、無得点で七回コールド負けを喫した。初回は山内の左前打と梅田の内野安打で2死一、二塁の好機をつくったが、二回以降は精彩を欠き、攻撃の糸口をつかめなかった。先発小野涼が五回途中5失点、寺尾も1回⅔を投げ3失点だった。

仙台育英は、大船渡・一中出身の左腕仁田が六回から2番手で2回を投げ無安打、4三振で締めた。

▽1回戦（6月7日）
きたぎんボールパーク（盛岡市）

一関学院	100100003	5
秋田商（秋田）	200020000	4

【一関学院】			打安点振球
⑥	原	田	42011
⑦	小	沢	00001
H7	山	内	32100
⑧	菅	野	52120
②	梅	田	53200
⑤3	佐藤	駿	41020
⑨	小野	唯	51110
③	高	沢	10000
1	寺	尾	10000
1	小野	涼	30010
①	高	橋	00000
H5	小原	翔	30022
④	村	上	21001
犠盗失併残			
310112			3612595

投	手	回	打安振球失
高	橋	1	63002
寺	尾	2⅓	81100
小野	涼	5⅔	214212

【秋田商】			打安点振球
⑧	寺	門	42000
④	菅	原	20101
②	斉	藤	42200
⑨	川	井	41000
①	松	橋	31110
1	三	浦	00000
③	倉	内	40000
⑥	原	田	41010
⑦	今野	皓	41000
⑤	阿	部	30010
犠盗失併残			
20004			328431

投	手	回	打安振球失
松	橋	8⅓	4212955
三	浦	⅔	20000

▽三塁打　寺門（秋）
▽二塁打　原田（一）斉藤（秋）
▽暴投　松橋（秋）1＝七
▽審判　球審＝森山　塁審＝畑川、渡、佐藤
▽試合時間　1時間58分

【評】一関学院は最終回の集中打で逆転勝ちを決めた。2―4の九回、原田の右越え二塁打と山内の右前打で好機をつくり、続く菅野、梅田の連続適時打で同点。さらに小野唯が勝ち越しの右前打を放った。四回途中から3番手で登板した小野涼が5回⅔を投げ2失点で踏ん張った。

一関学院　つないで九回逆転

一関学院―秋田商　9回表一関学院1死一、三塁、小野唯斗が決勝の右前適時打を放ち5―4とする＝6月7日、きたぎんボールパーク

1回戦、2―4で追う九回。一関学院持ち前の「つなぐ打線」に火がついた。1番原田大和主将（3年）の右越え二塁打を足場に、4番梅田昇希（2年）まで4連打で同点に追いついた。

なおも1死一、三塁の好機。6番小野唯斗（3年）が試合を決めた。「熱い場面だからこそ冷静さを保つのが大切と思った。体を開かず踏み込んで逆方向に低い打球を意識した」と練習の成果を示す右前打を放ち、5―4と勝ち越しに成功した。塁上で何度も両手を突き上げ、喜びを爆発させた。

第70回春季東北地区高校野球大会結果

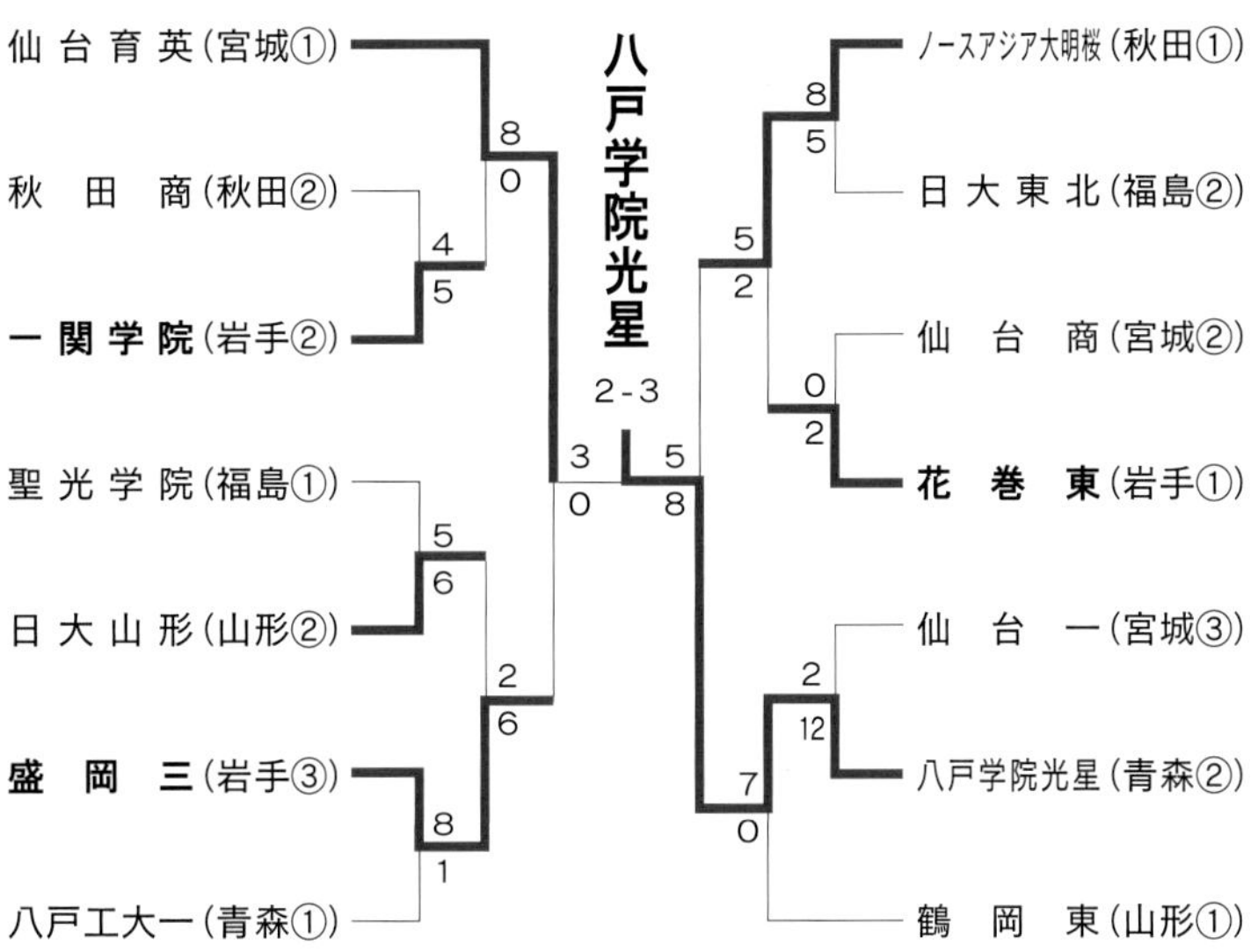

花巻東 盤石V5

佐々木麟逆転打、2年生2人好救援

第70回春季東北地区高校野球県大会は、花巻東が５大会連続11度目の優勝を果たした（中止の2020年を挟む）。一関学院―花巻東のカードとなった決勝は、2023年４月にオープンした盛岡市のきたぎんボールパークで開催。花巻東は、三回の佐々木麟太郎（３年）の逆転３点二塁打など計13安打を放ち、新球場「初代王者」に輝いた。

一関学院は初回、佐藤駿（３年）の右前２点打で先制したが、勢いに乗れず７年ぶりの春制覇はならなかった。

一関学院―花巻東　３回裏花巻東無死満塁、佐々木麟太郎が左中間へ走者一掃の二塁打を放ち、４―２と逆転する。捕手小原翔吾、球審水野＝５月28日、きたぎんボールパーク

花巻東が勝負強い打撃で押し切った。シュアな打撃でつなぎ、主砲がかえす理想の展開で得点を重ね5連覇した。

背番号3の復帰で打線の厚みが増した。1―2で追う三回無死満塁で、佐々木麟太郎（3年）が「しゃー」と雄たけびを上げて左打席へ向かう。横手投げ左腕の初球を一振り。体を開かず左中間へはじき返し走者一掃の二塁打で4―2と逆転。六回は堀川琉空（3年）の左前打で1点を加え、9―2と突き放した。

初回も適時打を放ち2安打4打点と活躍した佐々木麟は「プライドを持って打席に立ち、勝つことに命を懸けて戦った」と鬼気迫る表情だった。

左右の2年生投手が好救援。初回無死満塁で登板した左腕葛西陸は気持ちを前面に出し5回無失点。六回から継投した右腕小松龍一は147キロを計測し快速球で締めた。

今大会は、課題だった投手陣が安定。佐々木麟を欠いた2試合は競り合いで強さを見せた。千葉柚樹主将（3年）は「麟太郎がいなくても、打てなくても、得点できるチームをつくらないと夏は勝てない」と気を引き締めた。投打に実力を発揮した春王者から出てくる言葉は反省や課題ばかり。選手たちは夏の頂点が一筋縄ではいかないことをひしひしと感じている。

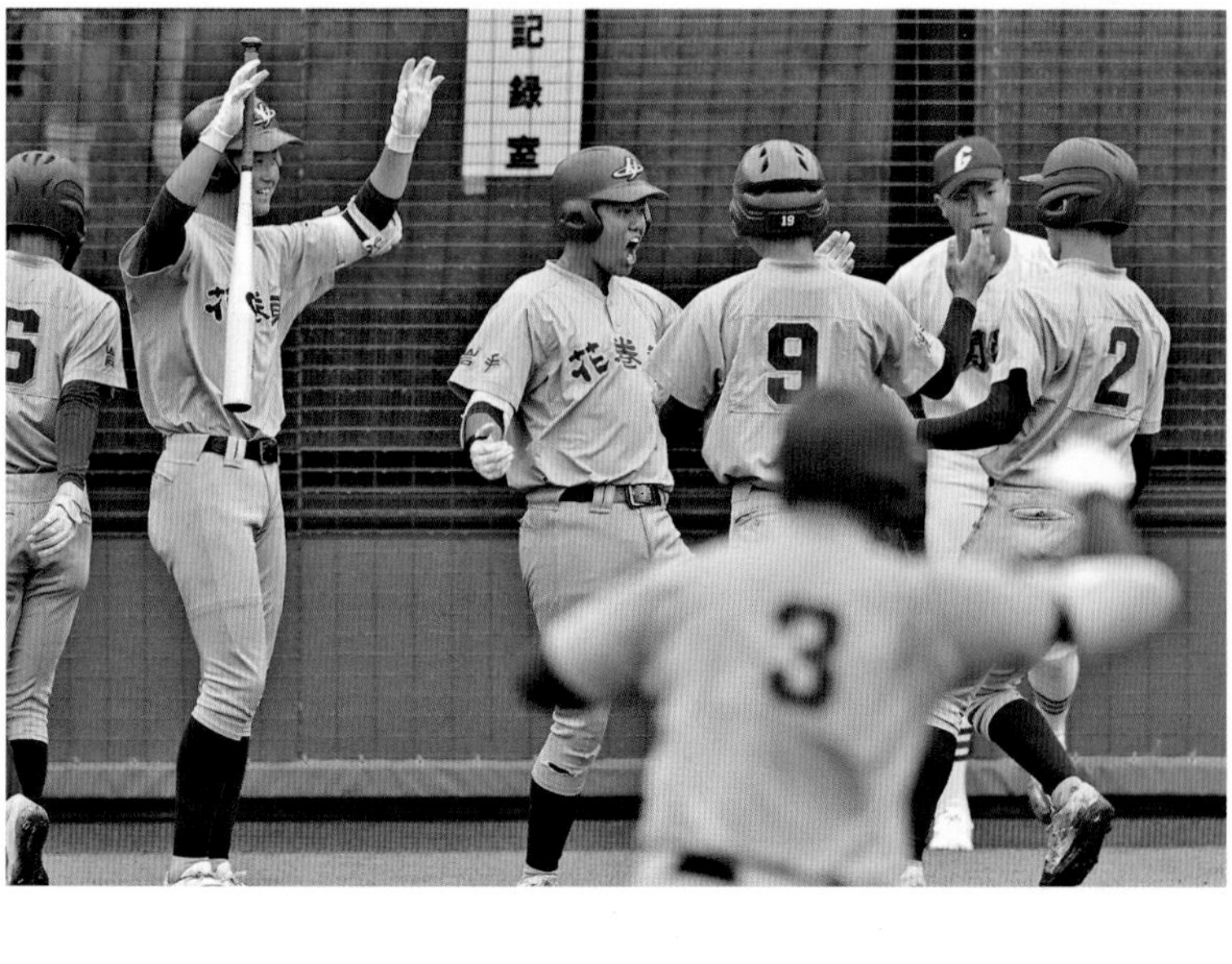

３回裏花巻東無死満塁、佐々木麟太郎（３）の走者一掃の逆転打で生還した仲間と喜び合う花巻東の選手。二塁に到達した佐々木麟はガッツポーズ

5月28日

きたぎんボールパーク（盛岡市）

一関学院	200000010	3
花巻東	10304100×	9

【一関学院】	打安点振球
⑥原田	41031
⑤山内	41011
⑨小野唯	31002
⑧菅野	41010
③佐藤	41220
②小原翔	20000
H2梅田	22100
④村上	41000
①高橋	10010
1大瀬	10010
H小野寺	10000
1畠山	00000
H高沢	10000
⑦小沢	30010
H晴山	10000
犠盗失併残	
01329	3583104

投手	回	打安振球失
高橋	2⅔	114114
大瀬	3	184344
畠山	3	155221

【花巻東】	打安点振球
⑥熊谷	53110
②小林	21012
③佐々木麟	42401
④千葉	42001
⑦北條	51000
7佐々木唯	00000
⑤堀川	21102
⑨広内	41011
①阿部	00000
1葛西	20020
H菅原	00100
1小松	20010
⑧久慈	32000
犠盗失併残	
301111	3313767

投手	回	打安振球失
阿部	⅔	31022
葛西	5	192520
小松	4	175501

▽二塁打　菅野（一）佐々木麟（花）
▽妨害出塁　久慈（花）＝五回
▽暴投　高橋（一）1＝三
▽審判　球審＝水野　塁審＝小谷地、三浦、井上
▽試合時間　2時間55分

第70回春季東北地区高校野球県大会試合結果

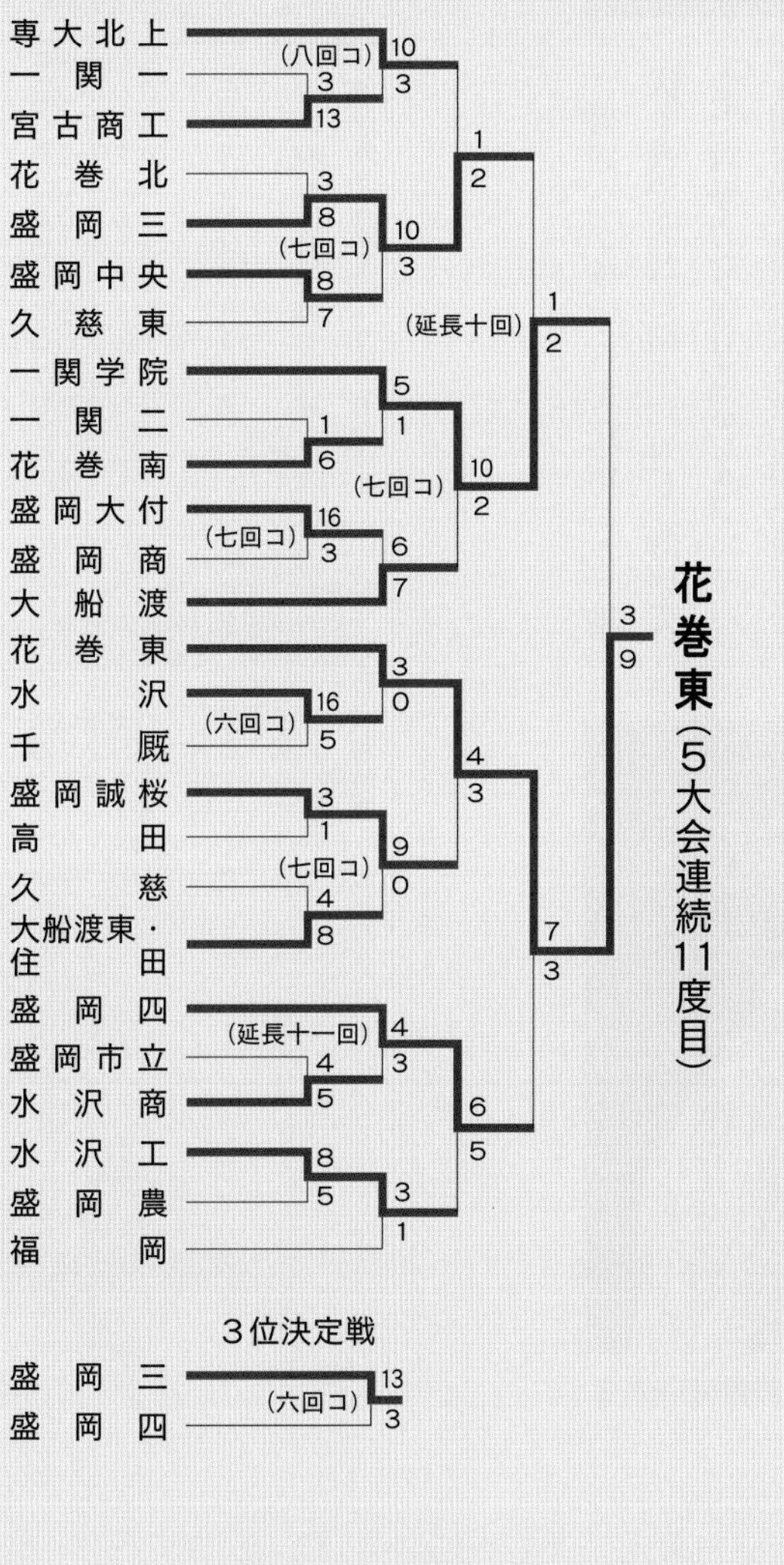

一関学院　先制生かせず

一関学院は投手陣がつかまり9失点。原田大和主将（3年）は「昨秋から自分たちも成長したが、相手の方がまだ一枚上手だった」と肩を落とした。

初回の勢いはすさまじかった。安打と2四球で1死満塁、佐藤駿（3年）の右前打で2点を先制。大粒の雨が降り、相手投手の制球が定まらない中、むやみにバットを振り回さずに好機を演出するしたたかさが光った。

1回表一関学院1死満塁、佐藤駿（右）が右翼へ先制2点打を放ち、一塁へ走る

盛岡三　9年ぶり東北切符

5月28日
きたぎんボールパーク（盛岡市）

盛岡四	000021	3
盛岡三	020119x	13

（六回コールド）

同地区対決となった3位決定戦は、盛岡三が盛岡四を破って9年ぶりの東北大会出場権を得た。盛岡三は、六回に打者12人の猛攻で9点。阿部蒼流（3年）が2死満塁から走者一掃の右中間三塁打を放ち、コールド勝利を決めた。

盛岡四―盛岡三　6回裏盛岡三無死満塁、玉川仁乃助が7―3とする左前適時打を放ち、一塁へ走る＝5月28日、きたぎんボールパーク

盛岡三が集中打で圧倒した。地区予選で敗れた相手に対し、磨いてきた攻撃力を存分に示した。

田村悠人主将（3年）が「流れをつかむきっかけになった」と振り返るのが二回。先頭の阿部蒼流（3年）が中前打で出塁し、犠打や盗塁を絡め2死三塁。7番の玉川仁乃助（3年）が右中間へ適時三塁打を放ち、先制した。さらに「ひらめいてやったが、流れを引き寄せることができて良かった」と自身初の本盗を決め、すぐに2点目を奪った。

四、五回に1点ずつ追加。相手の追い上げを受け4―3で迎えた六回、打線に火がつき6安打を集中した。先頭の菊地祐輝（3年）が左前打で出塁すると、続く駒井優樹（3年）が右中間へ適時二塁打を放ち5―3。その後も攻撃の手を緩めずコールド勝ちした。新たに取り入れた走塁練習も成果を発揮。常に次の塁を狙う積極性で盛岡四を翻弄した。

盛岡四　反撃及ばず

盛岡四は、何度も粘り強く1点差まで詰め寄った。0―3で追う五回に反撃。佐々木慎平、杉田楓都（ともに3年）の連打などで1死一、三塁と攻め、敵失の間に1点、村松怜央（3年）の内野安打で2点目を奪った。

その裏1点を失ったが、六回1死満塁から桜田絢（3年）の中前打で3―4として、再び1点差。終盤の逆転劇へ流れはつくったが、六回裏に投手陣がつかまった。

チームが理想に掲げる「低く強い打球を飛ばす打撃」を、相手に徹底されただけに悔しさが募る。鳥谷部佑聖主将(3年)は「夏に向けて打球を強くしたい」と、成長を誓った。

6回表盛岡四1死満塁、桜田絢が中前適時打を放ち、3―4と追い上げる

【盛岡四】

		打安点振球
②	鳥谷部	20000
④	村松	21101
③	尾崎	20000
⑥	藤沢	31000
⑨	室野	31000
⑧	佐々木慎	32000
⑤	杉田	32000
①	桜田	31100
1	佐藤諒	00000
1	真下	00000
⑦	岩城	30000

犠盗失併残
20426　248201

【盛岡三】

		打安点振球
⑤	松田	20102
⑧	菊地	41010
⑥	駒井	42100
⑦	阿部	32400
②	田村	10001
③	鈴木	31010
⑨	玉川	33200
①	藤枝	21100
④	村上	21000
H	橋本	00101
R	渡辺	00000

犠盗失併残
33101　24111024

▽三塁打　玉川、阿部（三）
▽二塁打　駒井2（三）
▽審判　球審＝鈴木
塁審＝千葉、伊藤、八重樫
▽試合時間　1時間53分

投手	回	打安振球失
桜田	5⅔	248229
佐藤諒	⅔	32013
真下	⅔	41011
藤枝	6	278013

5月27日
きたぎんボールパーク（盛岡市）

盛岡三	0100000000	1
一関学院	0000001001x	2

（延長十回タイブレーク）

盛岡四	000000030	3
花巻東	33000001×	7

一関学院　競り勝つ

一関学院が終盤まで1―1のロースコアで競り合った苦しい試合を制した。

二回に本塁打で先制されると、0―1のまま我慢の展開が続いた。試合が動いたのは七回。佐藤駿（3年）が左前打で出ると、2死球も絡み1死満塁の絶好機に。小沢稜太（3年）が一塁側に初球スクイズを決め、ようやく同点に追いついた。

タイブレークの延長十回、1死満塁から1番原田大和主将（3年）がサヨナラの右前打で勝負を決めた。大仕事をやってのけた背番号6は「前の打席で三振した分、どうしても打ちたかった。打ちたい場面で一本が出た」と笑顔を見せた。

三回から継投した小野涼介（3年）の好投も光った。延長まで8回を1安打無失点でしのぎ、相手に反撃の機会を与えなかった。

盛岡三―一関学院　3回から登板した一関学院の小野涼介。延長まで8回を1安打無失点でしのぎ、勝利に貢献した＝5月27日、きたぎんボールパーク

花巻東　序盤に一気

3―0の二回1死一、二塁。花巻東の佐々木麟太郎（3年）が、3球目の変化球をコンパクトなスイングで捉えた。バックスクリーン直撃の3点本塁打。頼れるスラッガーの復活で、序盤に6得点を入れ、相手に流れを渡さなかった。

佐々木麟は背中の痛みで欠場していたが、今大会初出場のこの日、さっそくの高校通算130号。初回にも先制打を放ち4打点と活躍した背番号3は「ベストはここじゃない。夏に向けて、さらに調子を上げたい」と力強く語った。

投げては先発熊谷陸（3年）がコーナーを突く丁寧な投球で6回無失点。2番手の葛西陸（2年）が連打を浴びて3失点したが、最後は小松龍一（2年）が最速146㌔の直球で打線をねじ伏せた。

盛岡四―花巻東　2回裏花巻東1死一、二塁、佐々木麟太郎が中越え3ランを放ち6―0とリードを広げる＝5月27日、きたぎんボールパーク

【盛岡三】

		打安点振球
⑤	松田	31012
⑧	菊地	31000
①6	駒井	40000
⑦	阿部	31001
②	田村	30010
③	鈴木	30011
3	沢田	00000
⑨	玉川	41100
⑥	夏屋	10010
H	橋本	10000
1	杉沢	10000
1	藤枝	10000
④	村上	40020

犠盗失併残……
30329　314164

【一関学院】

		打安点振球
⑥	原田	31111
⑤	山内	40000
⑨	小野唯	41000
⑧	菅野	40010
③	佐藤	21001
R	大橋	00000
4	小原羚	10010
②	小原翔	31000
④3	村上	32001
①	寺尾	10000
1	小野涼	21001
⑦	小沢	20101

犠盗失併残……
32009　297235

▽本塁打　玉川（盛）
▽審判　球審＝新沼
　塁審＝高橋、井上、畑川
▽試合時間　2時間20分

投手	回	打安振球失
駒井	3	111030
杉沢	3⅓	153021
藤枝	3⅔	113301
寺尾	2	93201
小野涼	8	291440

【盛岡四】

		打安点振球
②	鳥谷部	41010
④	村松	33101
⑧	佐々木慎	40110
⑥	藤沢	32111
⑨	室野	40020
③	尾崎	40020
⑤	杉田	40010
⑦	岩城	40020
①	佐藤諒	31010
H	駒木	10000

犠盗失併残……
02026　3473112

【花巻東】

		打安点振球
①6	熊谷	41001
②	小林	41001
③	佐々木麟	32411
④	千葉	32000
⑦	北條	30011
⑨69	広内	42210
⑤	堀川	21001
⑥	戸刺	10000
H9	今野	10000
6	晴山	10000
1	葛西	00000
H	寿時	11100
R	五嶋	00000
1	小松	00000
⑧	久慈	30001

犠盗失併残……
21217　3010736

▽本塁打　佐々木麟（花）
▽二塁打　村松（盛）寿時（花）
▽捕逸　小林（花）1＝八
▽審判　球審＝菊地
　塁審＝細川、木村、菅原
▽試合時間　2時間12分

投手	回	打安振球失
佐藤諒	8	3810367
熊谷	6	233720
葛西	2	104203
小松	1	30200

盛岡四―水沢工　8回表盛岡四無死一塁、尾崎暖が右翼線へ適時三塁打を放ち5―5とする。捕手斉藤大気、球審山口＝5月24日、きたぎんボールパーク

大船渡―一関学院　3回裏一関学院2死一、三塁、原田大和主将が左中間へ3ランを放ち、9―1とリードを広げる＝5月24日、きたぎんボールパーク

専大北上―盛岡三　9回裏盛岡三1死満塁、田村悠人主将が押し出し死球を受け2―1でサヨナラ勝ちが決まった。捕手近藤大雅＝5月24日、花巻球場

2023春　県大会

準々決勝

盛岡四、盛岡三、花巻東、一関学院がそれぞれ勝ち上がってベスト４が出そろった。

盛岡三は２大会連続、花巻東は９大会連続で名乗りを上げた。盛岡四は４年ぶり、一関学院は７年ぶりの準決勝進出を決めた。

5月24日

きたぎんボールパーク（盛岡市）

大船渡	1001000	2
一関学院	225100×	10

（七回コールド）
（大）熊谷滉、上野―志田、及川
（一）寺尾、畠山―小原翔

【大船渡】

		打安点
⑥	今野	300
⑧	佐々木怜	410
⑤	大森	201
5	新沼	100
③1	上野	200
⑨2	及川	320
⑦	佐々木澄	310
②	志田	100
H	室	101
9	梅沢	100
①	熊谷滉	110
3	須藤	100
H	山本	000
④	吉田	100
H4	佐藤	200

振球犠盗失併残…………
3301306　2652

【一関学院】

		打安点
⑥	原田	314
⑤	山内	421
⑨	小野唯	411
⑧	菅野	421
③	佐藤	410
④	小原羚	300
②	小原翔	310
①	寺尾	223
1	畠山	100
⑦	小沢	210

振球犠盗失併残…………
0415217　301110

▽本塁打　原田（一）
▽二塁打　及川（大）寺尾（一）
▽審判　球審＝加倉　塁審＝宇都宮、渡、小野寺
▽試合時間　1時間42分

盛岡四	102001020	6
水沢工	400010000	5

（盛）佐藤諒、桜田―鳥谷部
（水）森岡―斉藤

【盛岡四】

		打安点
②	鳥谷部	420
④	村松	431
⑧	佐々木慎	511
⑥	藤沢	510
⑨	室野	310
③	尾崎	311
⑦	岩城	410
⑤	杉田	301
①	佐藤諒	000
1	桜田	411

振球犠盗失併残…………
6411127　35115

【水沢工】

		打安点
⑨	伊藤	420
④	及川塁	510
⑥	鈴木塁	410
③	佐藤琉	421
⑦	阿部	410
②	斉藤	422
⑤	稲葉	421
①	森岡	311
⑧	橋階	300

振球犠盗失併残…………
3332109　35125

▽三塁打　村松、尾崎（盛）
▽二塁打　阿部（水）
▽審判　球審＝山口　塁審＝昆、高橋、葛西
▽試合時間　2時間31分

花巻球場（花巻市）

専大北上	100000000	1
盛岡三	000100001x	2

（専）板垣―近藤
（盛）藤枝―田村

【専大北上】

		打安点
⑨	坂本	420
⑦	桐原	300
④	川崎	410
③	千田	420
⑤	斉藤	400
⑧	小保内	410
②	近藤	300
①	板垣	410
⑥	辻野	420

振球犠盗失併残…………
1021008　3490

【盛岡三】

		打安点
⑤	松田	520
⑧	菊地	320
⑥	駒井	420
⑦	阿部	321
②	田村	301
③	鈴木	420
⑨	玉川	410
①	藤枝	400
④	村上	400

振球犠盗失併残…………
45201114　34112

▽本塁打　阿部（盛）
▽二塁打　坂本２（専）松田（盛）
▽審判　球審＝熊谷　塁審＝本多、下川原、佐藤
▽試合時間　1時間48分

盛岡誠桜	000000300	3
花巻東	300000001x	4

（盛）小又、小野寺、山口、高橋―川倉
（花）葛西、小松―小林

【盛岡誠桜】

		打安点
⑤1	高橋	510
⑥	藤田	521
⑧	倉野	531
⑨	田中	300
⑦	金沢	300
③	和嶋	410
②	川倉	411
④	松谷	410
①	小又	000
H	柿崎	100
1	小野寺	100
1	山口	110
5	今	000

振球犠盗失併残…………
5300119　36103

【花巻東】

		打安点
⑧	久慈	100
②	小林	211
⑥	熊谷	210
④	千葉	410
⑦	北條	413
⑨	今野	300
9	広内	100
③	寿時	100
3	菅原	200
①	葛西	300
1	小松	100
⑤	晴山	100
H5	堀川	210

振球犠盗失併残…………
3831119　2754

▽本塁打　川倉（盛）北條（花）
▽二塁打　山口（盛）千葉、小林（花）
▽審判　球審＝鈴木　塁審＝長坂、宇都宮、三浦
▽試合時間　2時間28分

盛岡四　打撃力強化実る

盛岡四が公立校対決の熱戦を制した。水沢工を追いかける展開が続いたが、鍛えてきた打撃力を発揮して終盤に逆転した。

4—5の八回に、先頭の室野瑛心（3年）が内野安打で出塁すると、尾崎暖（3年）が右翼線適時三塁打を放って同点。水沢工をついに捉え、杉田楓都（3年）の犠飛で勝ち越しに成功した。

もともと堅実な守備が持ち味のチームだったが「得点を取られても負けないように」と打撃強化に励んだ。その通りの試合展開に持ち込み、鳥谷部佑聖主将（3年）は「まだまだ反省点はたくさんあるが、少しずつ効果が出てきた」と手応えを口にした。

初回途中から登板した主戦左腕・桜田絢（3年）が最後までマウンドに立ち、1点差を守り切った。毎回のように走者を背負ったが、佐々木偉彦監督は「ピンチの場面でも緊張せずに淡々と投げてくれた」とたたえた。

水沢工は初回、四球を挟み5連打などで4得点。五回は斉藤大気（3年）の中前適時打で加点したが、六回以降は1安打と苦しんだ。主戦森岡琉依（3年）が151球の力投を見せた。

盛岡誠桜 — 花巻東　9回裏花巻東１死二塁から小林然の左越え二塁打で二走堀川琉空（中央）がサヨナラのホームを踏み、仲間と喜ぶ＝５月24日、花巻球場

花巻東

反撃しのぎ切りサヨナラ

花巻東が同点の九回１死二塁、小林然（３年）の左越え二塁打で試合を決めた。先頭の堀川琉空（３年）が左前打で出塁し、犠打でサヨナラの好機を演出。小林は「みんながつないでくれたチャンスをものにできてうれしい」と満面の笑みを浮かべた。

３点リードしながらも七回に追いつかれる嫌な展開だったが、継投でしのぎ切った。

１年生５人が先発に名を連ねた盛岡誠桜は、相手の２倍の 10 安打を放ち最後まで食らいついた。

一関学院

攻撃そつなく11安打10点

一関学院は計 11 安打 10 得点と、そつのない攻撃で得点を重ねた。

４—１の三回に１番原田大和主将（３年）の左中間３ランなど７安打を集中。この回一挙５点を挙げた。

三塁に走者を置いた好機をものにした。初回１死三塁から野選で得点。三回２死二、三塁で寺尾皇汰（３年）が右翼線２点打を放った。高橋滋監督は「場面に応じた攻撃ができ、いい収穫となった」と手応えを語った。計５盗塁と足を絡めた攻撃でも相手を揺さぶった。

盛岡三

九回執念の押し出し決着

盛岡三の執念がサヨナラ勝ちを呼び込んだ。１—１の九回１死満塁。２球目が田村悠人主将（３年）の背中に当たり押し出し死球。「本当は打って決めたかった」と笑った。

白熱の投手戦。２年生右腕の藤枝歳三は初回に暴投で先制されたが、追加点を許さず 91 球で完投した。最終回は先頭の松田蓮（３年）が左翼への二塁打。バントで送り１死三塁とした。専大北上は２者連続の申告敬遠で満塁策を選んだが、盛岡三の気迫が上回った。

2023春 県大会

2回戦

大船渡、盛岡三、一関学院、専大北上、盛岡四、花巻東、水沢工、盛岡誠桜が勝ち、夏の岩手大会のシード校となる８強が決まった。

大船渡が盛岡大付を破り、盛岡四は水沢商との熱戦を十一回タイブレークの末に制した。

大船渡が盛岡大付破り8強

「打倒私学」を掲げた大船渡が、盛岡大付を１点差で退けた。主戦右腕佐々木怜希（３年）が八回途中５失点と粘り「出来は60点。何とか踏ん張れた」と穏やかな笑みを浮かべた。

初回に四球や暴投に失策も絡んで１点を先制されても動じない。ボール球が先行しても、140㌔に迫る直球と変化球の緩急で勝負。プロ野球ロッテで活躍する兄朗希のようにマウンドで躍動した。

三回２死二、三塁のピンチを三振でしのぎ、四回１死満塁は併殺で切り抜けた。荒れ球かと思えば、要所では切れのいい投球でコースを突く。再三の窮地も併殺三つで野手陣が盛り立て、チームの勢いは増した。不思議な「快投」だった。

今野秀太朗主将（３年）は「怜希はエースなので、これくらい投げて当然。いえ、怜希さまさまです」と感謝。新沼悠太監督は「盛岡大付のプレッシャーに負けず、選手が立ち向かってくれた」と激闘をたたえた。

盛岡大付―大船渡　強力打線を相手に８回途中５失点と粘りの投球を見せた大船渡の主戦佐々木怜希＝５月21日、花巻球場

福岡―水沢工　５回裏水沢工１死一、二塁から１年生の阿部成希が左中間二塁打を放ち、二走鈴木塁主将（左）が生還し３―０とする。捕手片野佑太＝５月22日、花巻球場

5月21日

きたぎんボールパーク（盛岡市）

宮古商工	03000000	3
専大北上	21000034x	10

（八回コールド）
（宮）菊池、古舘、下山、菊池―貫洞
（専）中沢、杉山、板垣―近藤
▽三塁打　坂本（専）
▽二塁打　近藤、辻野（専）

一関学院	310100000	5
花巻南	000000010	1

（一）高橋、大瀬―小原翔
（花）平畑、佐々木清―平賀
▽二塁打　原田、菅野（一）阿部２（花）

花巻球場（花巻市）

盛岡中央	0001011	3
盛岡三	024202×	10

（七回コールド）
（中）中清水、北田、宮野―小笠原
（三）藤枝、藤原、駒井―田村
▽三塁打　磯野（中）
▽二塁打　阿部、玉川（三）

盛岡大付	100002030	6
大船渡	00210400×	7

（盛）竹ケ原、橋本―小林
（大）佐々木怜、上野―志田
▽三塁打　佐々木怜（大）
▽二塁打　及川（大）

5月22日

きたぎんボールパーク（盛岡市）

水沢	000000000	0
花巻東	0000030×	3

（水）小野寺―松本
（花）阿部、小松―小林
▽二塁打　熊谷（花）

盛岡四	00000001021	4
水沢商	00000010020	3

（延長十一回、十回からタイブレーク）
（盛）桜田―鳥谷部
（水）千葉孔、菊地―及川
▽本塁打　村松（盛）
▽二塁打　高橋叶、原田（水）

花巻球場（花巻市）

大船渡東・住田	0000000	0
盛岡誠桜	501021×	9

（七回コールド）
（大）斉藤、紺野―上野、今川
（盛）高橋―川倉、佐々木
▽二塁打　高橋（盛）

福岡	000001000	1
水沢工	02001000×	3

（福）向川原、立崎―片野
（水）森岡―斉藤
▽二塁打　佐藤琉、阿部、森岡（水）

宮古商工―専大北上　「とにかく１点をかえすつもりで」。７回裏専大北上１死二塁、坂本賢士朗が左越え適時三塁打を放ち、５―３とリードを広げた＝５月21日、きたぎんボールパーク

2023春 県大会

1回戦

２日間で計 10 試合実施。連合チームで唯一出場した大船渡東・住田が久慈を破った。複数校の合同出場が認められた2012 年以来、春季県大会初の白星を挙げた。新球場のきたぎんボールパークでの開幕戦は、盛岡大付が七回コールドで盛岡商を下し歴史を刻んだ。

大船渡東・住田一丸　打ち合い制す

大船渡東・住田―久慈　春の県大会初勝利をつかみ、笑顔であいさつに向かう大船渡東・住田の選手＝５月20日、きたぎんボールパーク

別々のユニホームでも心は一つ。大船渡東・住田が序盤から相手を打ち崩し、春１勝をつかんだ。

四回から登板した斉藤桜汰（住田３年）が追加点を許さない。捕手上野碧空（大船渡東３年）が強い信頼と巧みな配球で、住田の投手２人を導いた。

2022年秋に合同チームを結成し、大船渡東のグラウンドで週５日練習。試合終了後には住田の校歌が響き、大船渡東の校旗が掲揚された。金野直人主将（住田３年）は「全員で勝ち取った１勝」と胸を張った。

盛岡大付―盛岡商　１回表盛岡大付無死二、三塁、伊藤新太が右前２点打を放ち先制。２本塁打を含む計17安打で新球場初白星を挙げた＝５月19日、きたぎんボールパーク

盛岡市立―水沢商　３回裏水沢商２死二塁から千葉俊輝の中前打で、二走沼倉崇智（左）が２―０のホームに生還。この回、沼倉が先制打を放っており、18歳の誕生日に「主役」の活躍を見せた＝５月20日、花巻球場

一関二―花巻南　９三振を奪い１失点で完投した花巻南の平畑愉楽。投打がかみ合い春１勝をもぎ取った＝５月19日、花巻球場

5月19日

■きたぎんボールパーク（盛岡市）

盛岡大付	2232214	16
盛岡商	0003000	3

（七回コールド）
（付）坂本遥、坂本椿―小林、坂田
（商）大塚晋、菅原、吉田、立花―竹村
▽本塁打　桜庭、中田（付）
▽二塁打　粕谷２、伊藤２（付）

久慈東	006010000	7
盛岡中央	00202004×	8

（久）小向―中崎
（盛）中清水、北田、宮野―小笠原
▽本塁打　玉沢（久）大坊（盛）
▽二塁打　中崎（久）佐々木優２、磯野、小山（盛）

宮古商工	400001107	13
一関一	010002000	3

（宮）中谷、古舘、菊池―貫洞
（一）古舘、菅原、小野寺健、千葉―熊谷、佐藤
▽二塁打　古舘（宮）後藤（一）

■花巻球場（花巻市）

一関二	000000001	1
花巻南	10030200×	6

（一）三浦、吉田―小岩
（花）平畑―平賀
▽三塁打　阿部（花）
▽二塁打　千田、滝上（一）鈴木、阿部（花）

盛岡三	002500010	8
花巻北	001000200	3

（盛）藤枝、藤原、四役、杉沢、要永―田村
（花）中島、小原慶―宮野
▽二塁打　阿部、田村（盛）小原慶、川原（花）

5月20日

■きたぎんボールパーク（盛岡市）

水沢工	000030014	8
盛岡農	202000100	5

（水）蔦、室岡、森岡―及川、斉藤
（盛）伊藤、大上―水原
▽二塁打　大上２、水原２（盛）

大船渡東・住田	111200003	8
久慈	103000000	4

（大）紺野、斉藤―上野
（久）播磨、下曽根―米田
▽三塁打　佐々木（久）
▽二塁打　今川、金野、上野、菊地、斉藤（大）下曽根（久）

水沢	133018	16
千厩	110201	5

（六回コールド）
（水）小野寺、沢田―松本
（千）佐々木、佐藤壮―菅原陽
▽三塁打　千葉陽２、菊地（水）
▽二塁打　松本、佐々木洸、菊地、藤沢（水）那須、及川、佐野、小野寺（千）

■花巻球場（花巻市）

盛岡市立	000100012	4
水沢商	00220010×	5

（盛）若狭―藤村
（水）菊地―及川
▽二塁打　藤村（盛）沼倉、千葉俊（水）

盛岡誠桜	000300000	3
高田	000001000	1

（盛）高橋―川倉
（高）伊藤、菅野竜―横沢

盛岡地区 | 八幡平市総合運動公園野球場（八幡平市） 雫石町営球場（雫石町） 出場16 代表8

▽1回戦
不来方 00000 | 0
盛岡大付 1146× | 12
（五回コールド）
（不）大泉、菅原―浦田
（盛）若林、中川、坂本―坂田
三坂本（盛）
二平野2、根本、坂本（盛）

盛岡北 01001 | 2
盛岡一 6045× | 15
（五回コールド）
（北）山下、滝本、佐藤大―宮城
（一）大高、菊池―千葉
本金野（一）
三本宮（一）
二佐藤琉（北）千葉2（一）

盛岡四 59103 | 18
岩手 00000 | 0
（五回コールド）
（盛）真下、桜田、佐藤―鳥谷部
（岩）小暮、広田―釜崎
三村松（盛）
二鳥谷部、佐々木2（盛）

江南義塾盛岡 00000 | 0
盛岡誠桜 4620× | 12
（五回コールド）
（江）作山、田沢―吉田
（盛）高橋―川倉
二田中2、高橋、藤田（盛）

盛岡中央
210122000150 | 14
200110004151x | 15
盛岡市立
（延長十二回、十回からタイブレーク）
（中）中清水、千田、宮野―小笠原
（市）若狭、中村、高橋、田上―藤村
本小笠原（中）藤村（市）
三天瀬（市）
二立花、倉橋2、宮野（中）吉田、大山（市）

盛岡南 0100011 | 3
盛岡農 0021403x | 10
（七回コールド）
（南）小島、久保、高橋―村松
（農）伊藤―水原

盛岡工 20000 | 2
盛岡三 0075× | 12
（五回コールド）
（工）天瀬、小比類巻、舘山、佐藤―下坪
（三）要永、藤枝、藤原―田村
本阿部（三）
二細川（工）玉川（三）

平舘 0001010 | 2
盛岡商 0100503x | 9
（七回コールド）
（平）遠藤、小林、滝川―津志田
（盛）大塚―竹村
三高橋遥（盛）
二畠山（平）主浜、竹村、田中、佐藤（盛）

▽代表決定戦
盛岡一 0003000001 | 4
盛岡大付 1100010002x | 5
（延長十回タイブレーク）
（一）松山、三浦―千葉
（付）坂本遥、和田、竹ケ原―坂田
二畠山瑞（一）
（盛岡大付は20大会連続27度目）

盛岡市立 010605 | 12
盛岡農 100100 | 2
（六回コールド）
（市）若狭、千葉―藤村、本田
（農）伊藤、大上―水原
三吉田（市）
二藤村（市）釜石鷹、大上、矢野（農）
（盛岡市立は5大会連続21度目）

盛岡三 04411 | 10
盛岡商 00000 | 0
（五回コールド）
（三）藤枝、要永、藤原―田村
（商）吉田、菅原―竹村
二玉川、阿部、藤枝、橋本（三）
（盛岡三は6大会連続28度目）

盛岡四 000001003 | 4
盛岡誠桜 000000000 | 0
（四）佐藤―鳥谷部
（誠）高橋、田中―川倉
二佐々木（四）
（盛岡四は2大会連続23度目）

▽準決勝
盛岡市立 000000100 | 1
盛岡大付 00001001× | 2
（市）若狭―藤村
（付）坂本遥、竹ケ原、橋本―坂田
二藤村（市）伊藤（付）

盛岡四 510010000 | 7
盛岡三 200000000 | 2
（四）桜田―鳥谷部
（三）杉沢、要永、藤枝―田村
二村松2（四）松田（三）

▽第1、2代表決定戦
盛岡四 1102107 | 12
盛岡大付 0021000 | 3
（七回コールド）
（四）佐藤、桜田―鳥谷部
（付）坂本、竹ケ原、若林、橋本―坂田
本伊藤（付）
二鳥谷部2、室野（四）小林、中田、桜庭（付）

▽敗者復活1回戦
岩手 10015403 | 14
不来方 10004000 | 5
（八回コールド）
（岩）広田―釜崎
（不）大泉、菅原―浦田
本広田（岩）
二吉田、広田（岩）

盛岡北 204011030 | 11
江南義塾盛岡 300111301 | 10
（盛）山下、小野、滝本、佐藤大―宮城
（江）細川、田沢、細川、田沢―作山、吉田
三宮城、小沢（盛）作山（江）
二遠藤2（盛）

盛岡工 00310000 | 4
盛岡中央 25000202x | 11
（八回コールド）
（工）舘山、天瀬―下坪
（中）中清水、千田―小笠原
本小笠原（中）
二大志田（工）倉橋、田代、大坊（中）

平舘 000100030 | 4
盛岡南 000000210 | 3
（平）滝川、遠藤、滝川―津志田
（盛）小島―村松
二小林（平）

▽敗者復活2回戦
盛岡北 01010000 | 2
岩手 11123001x | 9
（八回コールド）
（盛）山下、小野、滝本、佐藤大―宮城
（岩）小暮―釜崎
二中軽米、遠藤（盛）

盛岡中央 201000000 | 3
平舘 000000002 | 2
（盛）千田、宮野―小笠原
（平）工藤唯、滝川―畠山、津志田
本佐々木（盛）
二立花、佐々木2（盛）

▽敗者復活代表決定戦
盛岡誠桜 11424 | 12
盛岡農 00000 | 0
（五回コールド）
（誠）高橋―川倉
（農）大上、吉村、釜石充―水原
二和嶋2、藤田、今、高橋（誠）矢野（農）
（盛岡誠桜は2大会連続2度目）

盛岡商 0341100 | 9
盛岡一 0000100 | 1
（七回コールド）
（商）大塚―竹村
（一）三浦、松山、菊池―千葉
三立花（商）
二高橋海、主浜、清水、大塚、立花（商）高橋（一）
（盛岡商は2大会連続23度目）

盛岡農 210011110 | 7
岩手 000104000 | 5
（盛）伊藤―水原
（岩）広田―斎藤
三小暮（岩）
二水原、伊藤（盛）広田（岩）
（盛岡農は2大会ぶり5度目）

盛岡一 102002600 | 11
盛岡中央 40200504× | 15
（一）菊池、松山、三浦―千葉
（中）中清水、千田、宮野―小笠原
本佐藤（一）
三佐藤（一）
二畠山龍、畠山瑞（一）田代、倉橋、小笠原、佐々木（中）
（盛岡中央は11大会連続31度目）

花巻地区 | 花巻球場（花巻市）

出場 7 代表 3

▽1回戦
花巻北　2502000｜9
遠　野　0010000｜1
（七回コールド）
（花）小原慶、中島―宮野、小原諒
（遠）菊池海、太田―佐々木裕
［本］川原（花）
［二］宮野、小原諒（花）

花北青雲　100011000｜3
花 巻 南　00013101×｜6
（青）小田島、武田、高橋暖、佐藤琉、高橋大―佐藤琉、高橋大、佐藤琉
（南）平畑、佐々木清、伊藤晴―平賀
［本］新渕（青）
［二］平畑、阿部（南）

花 巻 農　20200061｜11
遠野緑峰　01000210｜4
（八回コールド）
（花）小原、菅原―関口
（遠）菊池大、似田貝―菊池唯
［三］山口（遠）
［二］高橋、牛崎（花）白木沢龍、似田貝（遠）

▽代表決定戦
花巻農　0000000｜0
花巻東　220210×｜7
（七回コールド）
（農）及川、菅原、小原、照井、鎌田―関口
（東）佐藤―小林
［二］熊谷（東）
（花巻東は24大会連続48度目）

花巻北　004200021｜9
花巻南　001012051x｜10
（北）小原慶、中島―宮野
（南）平畑、伊藤晴、高橋、佐々木清―平賀
［三］平賀、鈴木（南）
［二］阿部2（南）
（花巻南は3大会連続16度目）

▽第1、2代表決定戦
花巻東　2020033｜10
花巻南　0001000｜1
（七回コールド）
（東）葛西、阿部、小松―小林
（南）佐々木清、平畑、伊藤晴―平賀
［二］小林、広内、熊谷、佐々木麟（東）

▽敗者復活1回戦
花北青雲　200001004｜7
遠　　野　100001020｜4
（花）佐藤琉、高橋大―高橋大、佐藤琉
（遠）太田、菊池海、菊池児―佐々木裕
［二］高橋大、藤原、新渕2、葛巻（花）菊池流、佐々木裕（遠）

▽敗者復活2回戦
遠野緑峰　00000｜0
花 巻 北　3304×｜10
（五回コールド）
（遠）菊池大、似田貝―菊池唯
（花）戸田―宮野
［三］伊藤望（花）
［二］小原2（花）

花 巻 農　0000000｜0
花北青雲　004030×｜7
（七回コールド）
（農）小原、菅原、及川―関口
（青）佐藤、小田島―高橋大

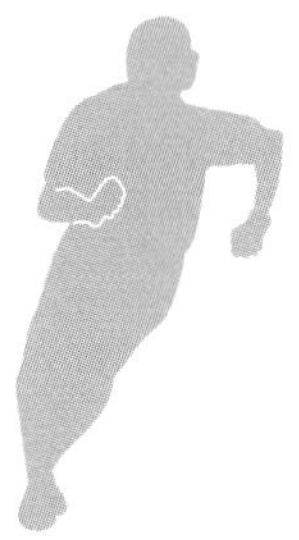

▽敗者復活代表決定戦
花北青雲　00000｜0
花 巻 北　10108x｜10
（五回コールド）
（青）高橋大、佐藤―佐藤、高橋大
（北）中島―宮野
［三］小原諒（北）
［二］藤原（青）川原2、宮野、中島（北）
（花巻北は2大会連続27度目）

北奥地区 | 北上市民江釣子球場（北上市）

出場 9 代表 4

▽1回戦
西 和 賀　000001000｜1
黒沢尻北　000000000｜0
（西）高下―佐藤和
（黒）城守、加瀬谷―高橋優
［三］小田島（西）

▽2回戦
胆江紫波連合（岩谷堂・前沢・金ケ崎・紫波総合）　00010｜1
水　　沢　20531x｜11
（五回コールド）
（胆）後藤―北條
（水）小野寺、佐藤陸、藤沢―松本
［三］佐々木洸（水）
［二］藤沢、菊地2（水）

黒沢尻工　000000000｜0
水 沢 工　00000100×｜1
（黒）佐藤柊、佐藤勇―山田
（水）森岡―斉藤

専大北上　112001100｜6
西 和 賀　000000001｜1
（専）中沢、江川―近藤
（西）高橋潤―佐藤和
［本］近藤（専）高下（西）
［三］川崎（専）
［二］千田、小保内、川崎（専）

水沢一　000000001｜1
水沢商　00013200×｜6
（一）佐藤航、高橋大―高橋楓
（商）菊地―及川
［三］及川（商）

▽代表決定戦
水　　沢　000011000｜2
専大北上　010000101x｜3
（水）小野寺―松本
（専）杉山、板垣―近藤
（専大北上は15大会連続36度目）

水沢工　101010102｜6
水沢商　000100400｜5
（工）室岡、森岡―斉藤
（商）菊地、千葉孔―及川
［二］及川、鈴木重、室岡、伊藤（工）五嶋（商）
（水沢工は5大会連続17度目）

▽第1、2代表決定戦
専大北上　0200100117｜12
水 沢 工　1100000301｜6
（延長十回タイブレーク）
（専）杉山優空、板垣、杉山優風―近藤
（水）森岡―斉藤
［本］佐藤（水）
［二］近藤、斉藤2（専）伊藤、鈴木塁（水）

▽敗者復活1回戦
黒沢尻工　010010010｜3
黒沢尻北　100000000｜1
（工）佐藤大―山田
（北）加瀬谷、城守―高橋優
［三］山田（工）
［二］佐藤瞭（工）

▽敗者復活2回戦
西 和 賀　000000000｜0
胆江紫波連合（岩谷堂・前沢・金ケ崎・紫波総合）　20000001×｜3
（西）高下―佐藤和
（胆）後藤―北條
［二］千葉（胆）

水 沢 一　001000001｜2
黒沢尻工　30101100×｜6
（水）佐藤航、鈴木―高橋楓
（黒）佐藤柊―山田
［二］三浦（水）佐藤柊、山田（黒）

▽敗者復活代表決定戦
水 沢 商　40125｜12
胆江紫波連合（岩谷堂・前沢・金ケ崎・紫波総合）　00000｜0
（五回コールド）
（水）菊地―及川
（胆）後藤―北條
［二］菊地、五嶋（水）
（水沢商は3大会連続9度目）

黒沢尻工　000000100｜1
水　　沢　00000002×｜2
（黒）佐藤柊、佐藤大―山田
（水）小野寺、藤沢―松本
（水沢は12大会連続29度目）

一関地区 出場 9 代表 4
一関運動公園球場（一関市）

▽１回戦
一関高専 2000100000|3
千　厩 0200000101x|4
（延長十回タイブレーク）
（一）本郷、菊地―田中
（千）佐野、佐藤壮、佐々木―菅原
[三]佐藤友（千） [二]田上（一）

▽２回戦
一関工 000000100|1
一関二 20310000×|6
（工）立石―佐藤俊
（二）三浦、菅原―小岩
[二]小林（工）三浦、小岩（二）

一関修紅 100000200|3
一関学院 01002011×|5
（修）小西、菊地―君成田
（学）畠山、高橋、小野涼―小原
[本]佐藤（学）

千厩 011010043|10
花泉 010000000|1
（千）佐々木、小野寺―菅原
（花）佐藤蕾、佐藤夢―山畑
[三]佐藤友、菅原、佐野（千）
[二]及川、佐々木（千）佐藤巧（花）

一関一 301100400|9
大　東 220000000|4
（一）小野寺健、菅原―熊谷、佐藤
（大）千葉、伊藤―菅原朝
[三]斉藤、小野寺毅、中川（一）
[二]古舘、宮崎（一）菊池（大）

▽代表決定戦
千　厩 020000500|7
一関二 011002000|4
（千）佐々木、小野寺―菅原
（一）三浦―小岩
[二]佐野2、及川（千）勝部、佐藤駿
（一）（千厩は２大会連続11度目）

一関一 100300|4
一関学院 208005x|15
（六回コールド）
（一）古舘、小野寺蓮、千葉―佐藤
（学）高橋、大瀬―小原
[本]原田、佐藤（学） [三]中川（一）
[二]佐藤（一）小野寺（学）
（一関学院は26大会連続46度目）

▽第１、２代表決定戦
千　厩 00000 0
一関学院 3451× 13
（五回コールド）
（千）小野寺、佐々木、佐藤壮―菅原
（一）高橋、大瀬―小原、梅田
[二]小野寺（一）

▽敗者復活１回戦
一関修紅 41005|10
一関高専 00000|0
（五回コールド）
（修）佐々木、菊地―君成田
（高）本郷―田中 [三]小田（修）

▽敗者復活２回戦
一関修紅 000200201|5
大　東 000001100|2
（一）小西、菊地―君成田
（大）伊藤、千葉―菅原
[三]田村、小田（一）
[二]佐々木、君成田（一）菅原、千葉（大）

花　泉 000002021|5
一関工 020000100|3
（花）佐藤蕾―山畑
（一）佐藤湊、立石―佐藤俊
[三]加藤（花） [二]加藤2（花）

▽敗者復活代表決定戦
一関修紅 0300000000|3
一関二 0100000111x|4
（延長十回タイブレーク）
（修）佐々木、菊地―君成田
（二）吉田、三浦―小岩
[二]田村（修）小岩（二）
（一関二は７大会ぶり14度目）

花　泉 0100000|1
一関一 500013×|9
（七回コールド）
（花）佐藤蕾、佐藤夢―山畑
（一）小野寺健―熊谷
[二]宮崎、中川（一）
（一関一は６大会連続39度目）

沿岸地区 出場 8 代表 4
楽天イーグルス奇跡の一本松球場（陸前高田市）

▽１回戦
釜石商工 102012000|6
宮　古 400001000|5
（釜）鳥居、小笠原、寺崎、芳賀―佐々木
（宮）折祖―箱石
[三]寺崎（釜）
[二]堀内、三浦（宮）

沿岸連合（大槌・山田・岩泉） 00000|0
大船渡東・住田 6063×|15
（五回コールド）
（沿）熊谷、福士、沢田偉悠、柏谷―沢田偉風
（大）斉藤、紺野―今川、上野
[二]大坂、斉藤（大）

大船渡 000320002|7
釜　石 000000000|0
（大）熊谷滉、上野、鈴木、佐々木―志田、加藤
（釜）阿部幹、阿部煌―千葉
[三]佐々木（大）
[二]大森（大）小笠原（釜）

宮古商工 000000000|0
高　田 21000012×|6
（宮）下山、菊池―貫洞
（高）伊藤、菅野―横沢
[二]近江2、横沢、菅野2（高）

▽代表決定戦
大船渡東・住田 110100210|6
釜石商工 100000000|1
（大）紺野、佐々木―上野
（釜）芳賀、佐々木―佐々木、芳賀
[三]上野、大坂（大）寺崎（釜）
[二]佐々木、斉藤（大）佐々木（釜）
（大船渡東・住田は初出場）

高　田 0003000000|3
大船渡 0200010001x|4
（延長十回タイブレーク）
（高）伊藤、菅野温、菅野竜―横沢
（大）佐々木―志田
[三]佐々木、今野（大）
[二]千葉、横沢（高）
（大船渡は２大会連続27度目）

▽第１、２代表決定戦
大船渡東・住田 100000000|1
大船渡 00010005×|6
（東）紺野、斉藤、菊地、佐々木、斉藤―上野
（大）鈴木、上野、熊谷滉―志田
[本]佐藤（大）
[二]斉藤（東）熊谷大（大）

▽敗者復活１回戦
沿岸連合（大槌・山田・岩泉） 00000|0
宮　古 5665×|22
（五回コールド）
（沿）福士、沢田偉風、柏谷―沢田偉悠
（宮）赤間、金沢、折祖―箱石
[三]有谷、堀内、上木、木村（宮）
[二]三浦（宮）

釜　石 200100000|3
宮古商工 10200002×|5
（釜）阿部煌―千葉
（宮）田代、菊池―貫洞
[三]古舘（宮）
[二]千葉、小沢（釜）田代、宮本（宮）

▽敗者復活代表決定戦
高田 202003130|11
宮古 101010210|6
（高）伊藤、菅野、千葉来―横沢
（宮）折祖、金沢―箱石
[三]中村（宮）
[二]菅野、横沢2、佐藤（高）堀内2、有谷（宮）
（高田は９大会連続43度目）

釜石商工 10000000|1
宮古商工 01210202x|8
（八回コールド）
（釜）小笠原、栗沢、鳥居、佐々木―佐々木、芳賀
（宮）中谷、古舘―大久保、貫洞
[三]佐々木蓮、古舘、田代（宮）
[二]鳥居（宮）
（宮古商工は２大会ぶり２度目）

県北地区 出場 6 代表 3
ハートフル球場（軽米町）

▽１回戦
大野・久慈工連合 000000120|3
福岡工 000020101x|4
（大）細越、林郷瑠―林郷善
（福）佐々木、高田―古舘琥
[本]山下（福）
[二]須田（大）

久慈 002000001|3
一戸・伊保内・軽米連合 000100000|1
（久）下曽根―米田
（一）田代―大谷
[二]中村翔、川端、大沢（久）三浦（一）

▽代表決定戦
福岡工 0010000020|3
福　岡 0000010111x|4
（延長十回タイブレーク）
（工）工藤―古舘琥
（福）向川原、立崎―片野
[三]安堵城、山下、上屋敷（工）村川（福） [二]小姓堂、安堵城（工）
（福岡は３大会連続52度目）

久慈東 011110301|8
久　慈 000001000|1
（東）玉沢―中崎
（久）泉川、大湊―米田、和野
[本]玉沢（東） [三]三上（東）
[二]三上、黒坂（東）大湊（久）
（久慈東は４大会連続11度目）

▽第１、２代表決定戦
久慈東 0000000|0
福　岡 101203×|7
（七回コールド）
（久）小向、玉沢―中崎
（福）向川原、立崎―片野
[二]中崎（久）宮崎（福）

▽敗者復活１回戦
久慈 210000001|4
大野・久慈工連合 200000000|2
（久）大湊―和野
（大）林郷瑠―林郷善
[三]大湊（久）
[二]中村、宇部（久）

福岡工 0103001031|9
一戸・伊保内・軽米連合 1100002040|8
（延長十回タイブレーク）
（福）佐々木、小姓堂、工藤―古舘、安堵城
（一）田代―大谷
[二]米田、小笠原、工藤（福）

▽敗者復活代表決定戦
福岡工 000000010|1
久　慈 10002000×|3
（福）佐々木、高田、工藤―安堵城
（久）下曽根―米田
[二]山下（福）
（久慈は19大会連続42度目）

山形中央—専大北上　最後まで1点を追う苦しい展開の中、仲間に熱い声援を送る専大北上ベンチ＝10月11日、荘内銀行・日新製薬スタジアムやまがた

成長誓う秋

2022秋 東北大会

県勢3校 初戦で姿消す

第75回秋季東北地区高校野球大会は2022年10月10日～16日、山形県を会場に開かれ、本県代表の3チームはいずれも初戦で敗れ、8強進出を逃した。

県勢3校は第2日の11日、2回戦に登場。花巻東（第1代表）は鶴岡東（山形第2代表）に3―8で敗れ、専大北上（第2代表）は山形中央（山形第1代表）に1―2、盛岡大付（第3代表）は学法石川（福島第2代表）に5―7で競り負けた。

専大北上は1点差での惜敗。選手たちは逆転を信じ、ベンチから身を乗り出して最後の最後まで声を張り上げた。

辻野翔空主将（2年）は「ど根性で粘り強く戦えた。秋季大会は多くのことを学び、成長できた。冬に投手も野手もレベルアップしたい」と誓った。

16日の決勝は、夏の甲子園を制覇した仙台育英（宮城第2代表）と東北（宮城第1代表）との同県対決。6―3で仙台育英が勝ち、2年ぶり12度目の頂点に輝いた。大船渡・一中出身の仁田陽翔（2年）が2試合で先発。初戦の青森山田（青森第1代表）を相手に、四回途中まで2安打3三振1失点。準決勝の能代松陽（秋田第1代表）戦では、3回1/3を1安打1失点と好投した。

■第75回秋季東北地区高校野球大会結果

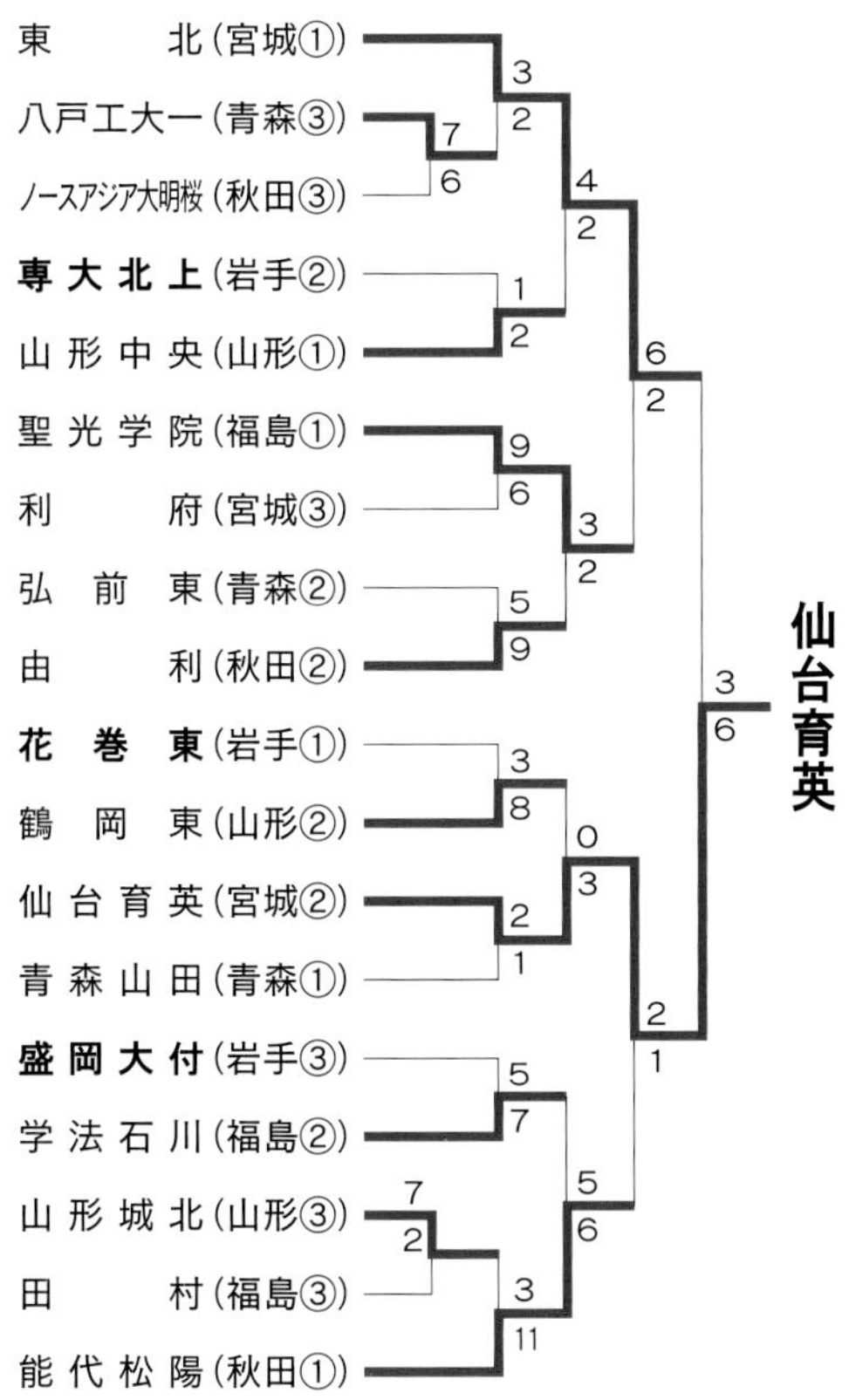

花巻東　逆転許す

4番千葉本塁打も投手陣踏ん張れず

この年最後となった大会で、一番課題が残る試合となった。投手陣が踏ん張れず、8失点で逆転負け。佐々木洋監督は「センバツを目指せたチームだっただけに悔やまれる。夏に向けて頑張ろうとはまだなれない」と試合後も気持ちの整理がつかない様子だった。

4番の一打で流れをつかみたかった。1―1の三回2死一塁、千葉柚樹（2年）が初球を強振。左中間への豪快な一発となり、3―1と勝ち越した。千葉は県大会の打率が1割台。佐々木監督やコーチ陣から「必ず大事な場面で回ってくるぞ」と言い聞かされ、「とにかく絶対に打ってやる」と強い気持ちで練習に励んだ成果が出た。

しかしリードを保てなかった。先発葛西陸（1年）、阿部颯太（2年）らの制球が定まらず、左右5投手で計8四死球。許した走者がことごとく失点に響き、甘く入ったボールは痛打された。

打線は5安打。相手左腕の強気な投球に、どの打者も本来のスイングができず、注目のスラッガー佐々木麟太郎主将（2年）も無安打2三振に封じられた。

「打撃も守備も投手陣も含めて、組織力をつくり直す」と佐々木主将。敗北の悔しさを受け止め、今後の進化へとつなげていく。

専大北上　一発に泣く

山形中央―専大北上　9回を1安打2失点で投げ切った専大北上の板垣翼＝10月11日、荘内銀行・日新製薬スタジアムやまがた

一発に泣いた。専大北上は先発板垣翼（2年）が9回を1安打2失点。唯一打たれた三回の2ランは、外角の直球を運ばれた。「見せ球を捉えられた」と悔やんだ。

県大会は背番号1だったが肘を痛めてあまり登板できず、東北大会では10番を背負った。「悔しさをばねに、気迫を前面に出した」。130キロ台中盤の直球を軸にスライダー、カーブ、チェンジアップなど変化球を効果的に使った。相手打者を詰まらせた直球は球速表示以上に勢いがあった。

打線は相手左腕の直球に振り負けることなく6安打したが、援護できず。三つのバントミスや、けん制アウトなど好機をつかめなかった。

2022秋　東北大会

2回戦

10月11日
荘内銀行・日新製薬スタジアムやまがた
（山形県中山町）

鶴岡東（山形）	010130300	8
花巻東	012000000	3

【鶴岡東】

		打安点振球
⑥	山内	51100
⑧	松原	20003
④	高橋	41220
4	森神	00001
⑦	重吉	32001
②	大安	32102
⑤	松岡	31010
③	竹添	30110
H3	寺前	20000
①	桜井	52110
⑨	和泉	42011

犠盗失併残
犠盗失併残	打安点振球
3 2 1 0 10	34 11 6 6 8

投手	回	打安振球失
桜井	9	35 5 8 3 3

【花巻東】

		打安点振球
⑥16	熊谷	40010
②	久慈	30031
③	佐々木麟	40020
⑤	千葉	33201
⑦	藤原	31000
7	佐々木唯	00000
H	菅原	10000
7	及川	00000
④64	堀川	30000
⑧	中嶋	31100
①	葛西	00000
H	寿時	00001
1	阿部	00000
1	中屋敷	10010
4	小林	00000
1	北條	20010
⑨	広内	30000

犠盗失併残	打安点振球
2 0 2 1 5	30 5 3 8 3

投手	回	打安振球失
葛西	2	8 1 1 2 1
阿部	1⅓	7 2 0 2 1
中屋敷	1⅔	6 2 0 1 3
熊谷	1⅔	12 4 4 2 3
北條	3	12 2 1 1 0

▽本塁打　千葉（花）
▽二塁打　高橋（鶴）
▽捕逸　大安（鶴）1＝二
▽暴投　桜井（鶴）1＝四、北條（花）1＝七
▽審判　球審＝鈴木　塁審＝成沢、長谷川、高取
▽試合時間　2時間42分

【評】前回覇者の花巻東は、投手陣が踏ん張れず初戦で姿を消した。0―1の二回に中嶋の犠飛で同点に追いつき、三回は千葉の左中間2点本塁打で勝ち越した。左右5人の継投で相手打線の目先を変えたが、制球が乱れて計8四死球。五回に集中打で3点を奪われて逆転され、七回にも3点を追加された。11安打で8失点し、流れをつかめなかった。

仙台育英・仁田（大船渡・一中出身）V貢献

夏の甲子園王者の仙台育英は、大船渡・一中出身の左腕仁田陽翔（2年）が2試合で先発。初戦の青森山田戦は、二回に先制打も放ち投打で貢献した。

青森山田戦に先発し、4回途中1失点に抑えた仙台育英の仁田陽翔＝10月11日、きらやかスタジアム

甲子園では2試合に登板し、東北勢悲願の優勝を経験。「人生で一番うれしかった。同時に、決勝でも投げられるように成長したいと思った」と意気込んだ。

荘内銀行・日新製薬スタジアムやまがた（山形県中山町）

山形中央（山形）	002000000	2
専大北上	000010000	1

【山形中央】		打安点振球
⑤	清　水	40000
①	武　田	41200
⑨	木　村	40010
⑦	渡辺聖	30001
②	戸　村	10001
⑧	我　妻	20001
③	渡辺秀	30010
④	小　林	30010
⑥	田　村	20011
犠盗失併残		
10302		261244

投手	回	打安振球失
武田	9	376931

【専大北上】		打安点振球
⑨	坂　本	52010
⑥	辻　野	20011
③	千　田	41000
②	近　藤	40110
⑦	斉　藤	32011
④	川　崎	20000
H4	山　上	20010
⑧	小保内	31011
⑤	江　川	40020
①	板　垣	30000
H	佐々木	10010
犠盗失併残		
12019		336193

投手	回	打安振球失
板垣	9	311442

▽本塁打　武田（山）
▽二塁打　千田、斉藤（専）
▽捕逸　戸村（山）1＝三
▽審判　球審＝小西　塁審＝富樫、藤木、佐藤
▽試合時間　1時間56分

【評】専大北上は1点差で競り負けた。先発板垣は1安打2失点で完投。与えた安打は三回の2点本塁打のみ。バックも無失策で支えたが、及ばなかった。

0—2の五回は1死一、三塁から近藤の内野ゴロの間に1点をかえした。二塁打や敵失でイニングの先頭打者が4度出塁。相手を上回る6安打を放ち、好機はつくった。

鶴岡東—花巻東　3回裏花巻東2死一塁、千葉柚樹が左中間へ2点本塁打を放ち3—1と勝ち越す＝10月11日、荘内銀行・日新製薬スタジアムやまがた

きらやかスタジアム（山形市）

学法石川（福島）	001001401	7
盛岡大付	011000111	5

【学法石川】		打安点振球
⑥3	本　郷	31001
⑦	伊藤和	21000
1	伊藤奨	10010
1	国　分	00000
②	内　田	31112
③	福田健	30000
6	北　村	11001
⑤	松　山	52010
④	福　尾	31201
⑧	根　本	51310
①7	三　上	22000
H	桜　井	10010
7	小　沼	10001
⑨	岸　波	10000
9	福田涼	31000
犠盗失併残		
514011		3411656

投手	回	打安振球失
三上	3⅓	163122
伊藤奨	5⅔	244243
国分	⅔	20100

【盛岡大付】		打安点振球
④	粕　谷	42101
⑥	伊　藤	41101
⑤	末　広	40010
②	小林陸	42001
③	中　田	00001
R8	飯　島	30000
⑨3	玉　沢	30110
⑦1	石　井	31001
⑧	諏　訪	10010
H	坂　田	10010
H9	須　藤	20000
①	竹ケ原	21000
17	橋　本	10000
H	根　本	00001
R	桜　庭	00000
犠盗失併残		
411010		327346

投手	回	打安振球失
竹ケ原	6⅓	288413
橋本	⅔	71133
石井	2	102021

▽三塁打　松山（学）小林陸（盛）
▽二塁打　粕谷（盛）
▽暴投　伊藤奨（学）1＝七
▽審判　球審＝野田　塁審＝山下、後藤、荒木
▽試合時間　2時間38分

【評】盛岡大付は七回に4点を勝ち越され、終盤の追い上げも及ばなかった。七回裏の攻撃は伊藤の右前適時打で1点をかえし、八回は玉沢の犠飛で1点。4—7とされた九回も敵失で2点差とした。計10残塁で好機を生かし切れなかった。

左右3投手が11安打を浴び失点を重ねた。2—2の七回に失策や押し出しなどで計4点を奪われたのが悔やまれる。

盛岡大付　悔やむ逸機

学法石川—盛岡大付　7回裏盛岡大付2死一、二塁、伊藤新太が右前適時打を放ち、3—6と追い上げる＝10月11日、きらやかスタジアム

盛岡大付はあと一本が出なかった。諏訪大成主将（2年）は「最後まで自分たちのペースに持って来られなかった」と唇をかんだ。

東北大会の重圧か。2—2の同点で迎えた七回表、守備の乱れや押し出しなどで計4点を奪われた。それでも選手の心は折れない。直後の攻撃で2死一、二塁の好機をつくると、伊藤新太（2年）は「1点ずつ地道に得点する。自分が打って流れを変える」と直球を振り抜き、右前適時打。反撃の口火を切った。

4—7の九回も1点をかえし、1死満塁と一打サヨナラの場面。反撃ムードは最高潮に達したが、遊飛と見逃し三振でゲームセットとなった。

専大北上―花巻東　６回裏花巻東１死、佐々木麟太郎主将が高校通算90号となる右越え本塁打を放ち、11―２とする。捕手中島琉之介、球審水野＝９月26日、県営球場

9月26日

■県営球場（盛岡市）

専大北上	000002001	3
花巻東	42400300×	13

【専大北上】

		打安点振球
⑨	坂本	42010
⑦	小原	20002
④	川崎	40000
③	千田	42200
⑤	斉藤	41120
⑥	山上	40000
⑧	小保内	20002
②	中島	31000
H	沢田	00001
R	松下	00000
①	高橋	00000
1	杉山優空	00000
1	杉山優風	30000
H	伊藤	10010

犠盗失併残
00406　　316345

投手	回	打安振球失
高橋	⅓	52014
杉山優空	⅔	51222
杉山優風	7	336557

【花巻東】

		打安点振球
⑥1	熊谷	41111
④	小林	20002
③	佐々木麟	54600
⑤	千葉	40101
⑧	中嶋	31201
⑦	藤原	41111
R7	五嶋	00000
②	久慈	51110
①	佐藤	00000
H	戸田	10010
1	阿部	10010
H	工藤	10010
1	葛西	00000
H6	堀川	00001
⑨	寿時	21001
9	広内	10010
9	佐々木唯	00000

犠盗失併残
21016　　3391278

投手	回	打安振球失
佐藤	1	40110
阿部	4	142210
葛西	1	63002
熊谷	3	121131

▽本塁打　千田（専）佐々木麟2（花）
▽三塁打　斉藤（専）熊谷（花）
▽二塁打　佐々木麟、中嶋（花）
▽暴投　杉山優風（専）2＝六、佐藤（花）1＝一
▽審判　球審＝水野　塁審＝小野寺、馬渕、千葉
▽試合時間　2時間1分

■第75回秋季東北地区高校野球県大会試合結果

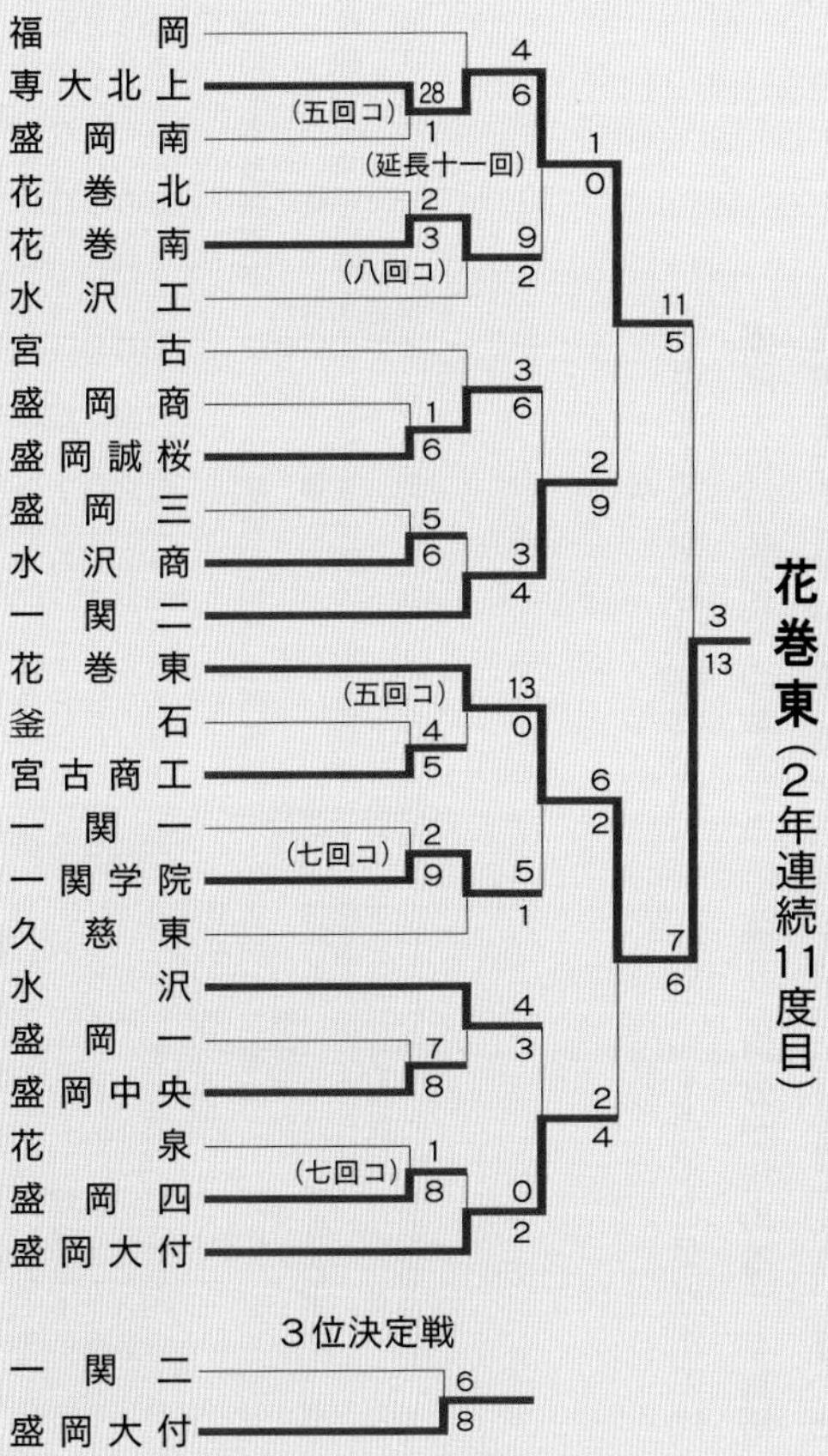

花巻東 猛攻

第75回秋季東北地区高校野球県大会は、花巻東が２年連続11度目の頂点に立った。佐々木麟太郎主将（２年）が２打席連続弾でチームをけん引。県営球場（盛岡市）での高校野球最後の公式戦で、高校通算90号に達した。

18年ぶりに決勝に進んだ専大北上は、投手陣が打ち込まれるも、九回に４番千田愛琉（２年）がソロ本塁打を放って意地を見せた。

主砲佐々木麟、高校通算90号
県営球場最後の公式戦飾る

主砲の活躍で連覇を決めた。花巻東は佐々木麟太郎主将（2年）が2打席連続本塁打を含む4安打6打点。チームも隙の無い攻撃を展開し13点を奪った。

チームに勢いを与える本塁打だった。1本目は三回2死一、三塁で初球を強振。外角のチェンジアップを引っ張るように左中間最深部に運ぶ3ラン。父の洋監督も「非常に間があっていい打席だった」と手放しでほめるほど。六回にも高々と上がった打球が右翼席まで届き、高校通算90号に到達した。

全国が注目する打力はもちろん、新チームでは主将として仲間を引っ張る。攻撃で好機の場面では、ネクストバッターズサークルで待つ選手に肩を組みアドバイス。守備でも代わって入った野手に「慌てるな。落ち着いてやろう」と声を掛け続けた。

得点力は主砲の打撃ばかりではない。六回は敵失と死球で1死一、二塁をつくると暴投で二走千葉柚樹（2年）が迷わず本塁に生還し、一走中嶋禅京（2年）も三塁に進んで無安打で加点。他にもファンブル（記録は暴投）で進塁するなど常に次の塁を狙う意識を徹底した。左右4投手が3失点に相手打線を抑え、バックも無失策で支えるなど、走攻守で力を発揮。目標にしていた第1代表をつかんだ。

専大北上　序盤の失点響く

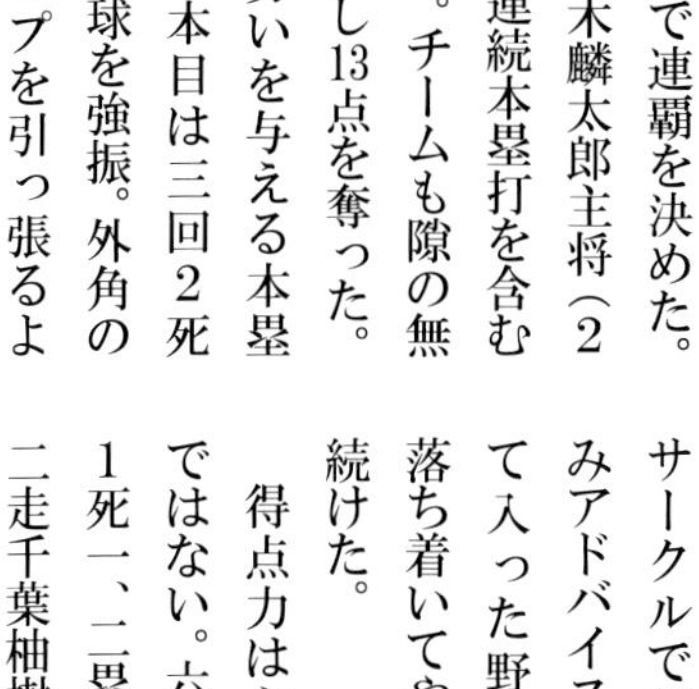

1回裏、花巻東に先制を許しマウンドに集まる専大北上の選手

専大北上は自分たちの打撃を貫いた。0―10の六回、2死二塁で千田愛琉（2年）は「九回まである。まずは1点をかえしたい」とコンパクトなスイングで中前適時打。九回にも本塁打が飛び出した。

先発、2番手が序盤で計6失点。ここまで安定感があった杉山優風（2年）が二回途中から登板したが花巻東の佐々木麟太郎（2年）に2被弾。杉山は「抜けた球は捉えられる。相手が二枚も三枚も上手だった」と悔やみ、「インコースも逃げずに使えるように練習する」と成長を誓った。

3位決定戦

3位決定戦は盛岡大付が一関二に8―6で競り勝った。決勝に進出した専大北上と花巻東とともに、センバツ選考につながる東北大会（10月10日～16日、山形県）への出場を決めた。第1代表の花巻東は7年連続22度目、第2代表の専大北上は4年ぶり11度目、第3代表の盛岡大付は5年連続22度目の出場。

9月26日
県営球場（盛岡市）

盛岡大付	401001011	8
一関二	002102010	6

一関二 追い上げあと一歩

盛岡大付―一関二　3回裏一関二無死一塁、4番の吉田新太が反撃の右中間2ランを放つ＝5月26日、県営球場

公立勢で唯一勝ち上がった一関二は計13安打で迫ったが、あと一歩及ばなかった。

0―5の三回無死一塁。4番吉田新太（2年）が右中間2ランを放って流れを変えた。大会前に不調に陥り、小山智之監督とマンツーマンで行った打撃フォームの改良が実った一発だった。

じりじりと追い上げる。四回は小岩倫太郎（2年）の右前適時打で1点。六回は吉田の適時打と山田優雅（2年）の犠飛で2点を加え、1点差にまで詰め寄った。

主戦三浦大人（2年）は4試合をほぼ1人で投げ抜いた。大会を通じて強豪私立校に対抗できたことはチームの自信になったはずだ。勝部塁主将（2年）は「どこが相手でも、自分たちの野球ができた。常に挑戦することを忘れずもっと強くなりたい」と誓った。

盛岡大付　九回2死貴重な一打

東北大会切符は譲れない。盛岡大付は勝利への執念で、終盤までもつれた接戦を制した。

7―6の九回2死一、三塁で代打玉沢煌成（2年）が送られた。「1点差と2点差では違う。自分が決める」と覚悟を持って打席に入り、浮いた変化球を上からしっかりとたたいた。打球は中堅手の前に落ち貴重な8点目。準決勝から先発を外され悔しい思いをしてきた背番号9が結果を残した。

9回表盛岡大付2死一、三塁、代打玉沢煌成が中前適時打を放ち、8―6とする。捕手小岩倫太郎、球審里見

中盤に詰め寄られ、4点リードを守れなかった準決勝花巻東戦を彷彿《ほうふつ》とさせる試合展開。「絶対東北大会に行くのは自分たちだぞ」、「気力で負けるなよ」と声を掛け合う。六、八回は諏訪大成主将（2年）の適時打で1点ずつ追加。4投手の継投でしのぎ切り、選手18人が出場する総力戦で勝利をつかんだ。

関口清治監督は「点を取られる可能性が常にあって苦しかったが、よく我慢できた」とねぎらった。

【盛岡大付】

		打安点振球
⑤	末　広	52000
⑦	石　井	41000
④94	粕　谷	52100
②	小林陸	41101
③	中　田	53100
R9	桜　庭	00000
⑨	飯　島	20000
H	上　野	10010
4	谷	00001
H3	玉　沢	11100
⑥	伊　藤	42201
⑧	諏　訪	42210
①	竹ケ原	10000
1	坂　本	00000
H	須　藤	10000
1	小林優	00000
H	根　本	11000
1	橋　本	10010

犠盗失併残
17108　3915833

【一関二】

		打安点振球
⑥	千　田	52011
⑧	佐藤駿	52010
②	小　岩	33101
③	吉　田	42321
⑨	山　田	40100
①	三　浦	51020
⑦	滝　上	51010
⑤	勝　部	41020
④	真　籠	30001
H	阿　部	11000

犠盗失併残
301013　3913594

▽本塁打　吉田（一）
▽三塁打　粕谷（盛）
▽二塁打　千田（一）
▽暴投　橋本（盛）2＝八
▽審判　球審＝里見
塁審＝伊藤、伊東、百鳥
▽試合時間　2時間16分

投手	回	打安振球失
竹ケ原	2⅔	123231
坂　本	1	52101
小林優	2	103111
橋　本	4	195503
三　浦	9	4315338

準決勝 2022秋 県大会

9月25日
県営球場（盛岡市）

専大北上	000082010	11
一関二	001200110	5

花巻東	002400100	7
盛岡大付	303000000	6

専大北上 一気に8点

専大北上―一関二　5回表専大北上1死満塁、川崎海璃が左中間へ2点二塁打を放ち、3―3とする＝9月25日、県営球場

厳しい接戦を制してきた専大北上が、さすがの集中力を見せた。中盤に安打を集め鮮やかに逆転。重苦しいムードを一気に晴らした。

0―3の五回、4連打で1点をかえし、続く1死満塁で川崎海璃（2年）に回った。3ボール1ストライクからの5球目。「このカウントは直球しかない」と読み切った外角の直球を捉え、同点の左中間2点二塁打。一塁に向かいながらガッツポーズし「苦しい場面だったので点を取れて、とにかくうれしい」と表情を緩めた。

引き寄せた流れは手放さない。中島琉之介（2年）の適時打などで畳みかけ、この回7安打、一挙8点で試合をひっくり返した。及川将史監督は「生徒が思い切ってプレーしてくれた。なんとか1点を取ろうという思いが打線をつなげた」とたたえた。

花巻東 2発巻き返し

花巻東―盛岡大付　4回表花巻東無死、代打堀川琉空が左越え満塁本塁打を放ち、6―6に追いつく。捕手小林陸斗＝9月25日、県営球場

花巻東は序盤6失点したが、本塁打2本で追いつき逆転勝利につなげた。

3点を追う三回2死一塁。佐々木麟太郎主将（2年）が右越えの2ラン。「自分らしく捉えられた」と納得する特大の一発は場外へと消えた。

注目は2―6の四回。久慈颯大（2年）が9球粘って四球を選び、無死満塁にした。代打堀川琉空（2年）は雄たけびを上げて打席に向かう。「右打者に対して2球目は直球が多かった」とベンチで分析した通り、2球目の内角直球を振り抜いた。打球は左翼席に飛び込み、人生初めての満塁本塁打で一気に同点。大きな2発で流れを呼び込むと、七回に敵失で貴重な1点を挙げて勝ち越した。

【専大北上】

		打	安	点	振	球
⑨	坂本	5	1	0	0	0
⑦	小原	4	1	1	0	2
④	川崎	6	2	2	0	0
③	千田	4	0	0	0	1
⑤	斉藤	4	3	1	0	0
⑥	山上	4	2	0	0	1
⑧	小保内	5	3	3	0	0
②	中島	5	3	2	0	0
①	杉山優風	1	0	0	0	0
1	板垣	4	2	0	0	0

犠	盗	失	併	残	打	安	点	振	球
2	0	3	0	10	42	17	9	0	4

【一関二】

		打	安	点	振	球
⑤641	千田	4	1	0	0	1
②	小岩	5	4	2	1	0
⑧4	佐藤駿	5	2	0	1	0
③13	吉田	4	1	1	0	0
⑦5	勝部	4	0	0	2	0
①	三浦	2	0	0	2	1
3	菅原錬	1	0	0	1	0
9	滝上	0	0	0	0	0
⑥	佐藤真	2	0	0	1	0
7	阿部	2	0	0	1	0
⑨8	山田	4	1	1	2	0
④6	真籠	3	0	0	1	0

犠	盗	失	併	残	打	安	点	振	球
2	2	2	0	8	36	9	4	12	2

▽本塁打　小岩、山田（一）
▽三塁打　小岩（一）
▽二塁打　川崎2、中島、山上、板垣（専）吉田、佐藤駿（一）
▽暴投　三浦（一）1＝一
▽審判　球審＝新沼　塁審＝小谷地、菅原、畑川
▽試合時間　2時間39分

投手	回	打	安	振	球	失
杉山優風	3⅔	20	5	5	2	3
板垣	5⅓	20	4	7	0	2
三浦	6	35	12	0	3	10
吉田	2	9	4	0	1	1
千田	1	4	1	0	0	0

【花巻東】

		打	安	点	振	球
⑥	熊谷	5	1	0	0	0
④	小林	4	1	0	0	1
③	佐々木麟	4	2	2	0	1
⑤	千葉	5	1	0	0	0
⑧	中嶋	4	1	0	1	0
⑦	藤原	2	0	0	1	3
②	久慈	2	0	0	0	2
①	葛西	1	0	0	0	0
1	阿部	0	0	0	0	0
H	堀川	1	1	4	0	0
1	中屋敷	2	0	0	1	0
⑨	広内	3	0	0	0	0
9	五嶋	0	0	0	0	0
H	工藤	1	0	0	0	0
9	佐々木唯	0	0	0	0	0

犠	盗	失	併	残	打	安	点	振	球
1	0	1	0	8	34	7	6	3	7

【盛岡大付】

		打	安	点	振	球
⑤	末広	5	1	0	0	0
⑦9	粕谷	4	2	0	0	0
②	小林陸	3	1	1	0	0
③	中田	3	0	0	3	1
①7	石井	4	2	3	1	0
⑨	飯島	1	1	2	0	0
1	小林優	0	0	0	0	0
H	須藤	1	0	0	0	0
1	竹ケ原	0	0	0	0	0
H	上野	1	1	0	0	0
R	桜庭	0	0	0	0	0
1	橋本	0	0	0	0	0
⑥	伊藤	3	0	0	0	1
④	谷	3	0	0	0	0
H	根本	1	0	0	0	0
⑧	諏訪	4	1	0	0	0

犠	盗	失	併	残	打	安	点	振	球
2	0	1	0	4	33	9	6	4	2

▽本塁打　佐々木麟、堀川（花）飯島（盛）
▽三塁打　小林陸（盛）
▽二塁打　石井、粕谷（盛）
▽暴投　小林優（盛）1＝五回　竹ケ原（盛）1＝七回
▽審判　球審＝鈴木　塁審＝菊地、千葉、水野
▽試合時間　2時間21分

投手	回	打	安	振	球	失
葛西	2⅔	11	4	0	1	4
阿部	1	6	3	1	1	2
中屋敷	6	20	2	3	0	0
石井	3⅓	19	4	0	5	6
小林優	1⅔	7	1	0	1	0
竹ケ原	3	13	2	1	1	1
橋本	1	3	0	2	0	0

出

2022秋 県大会
準々決勝

一関二が機動力を生かした試合運びで盛岡誠桜を破り、63年ぶりの秋4強をつかんだ。専大北上は花巻南に十一回サヨナラ勝ち。盛岡大付が5年連続で準決勝に進み、花巻東は夏の岩手大会王者の一関学院に打ち勝った。

9月21日

県営球場（盛岡市）

チーム	スコア	計
花巻南	000000000 00	0
専大北上	000000000 01x	1

（延長十一回）
（花）佐々木清―平賀
（専）杉山優風、板垣―中島

【花巻南】		打安点
⑦	阿部	400
④	林崎	510
②	平賀	300
⑧	原田	400
⑥	鈴木	410
⑤	佐々木瀧	510
⑨	吉田	300
①	佐々木清	200
③	伊藤秀	400
振球犠盗失併残	10711219	3430

【専大北上】		打安点
⑨	坂本	510
⑦	小原	500
④	川崎	420
③	千田	420
⑤	斉藤	500
⑥	山上	410
⑧	小保内	531
②	中島	400
①	杉山優風	310
1	板垣	000
振球犠盗失併残	222000011	39101

▽二塁打　千田（専）
▽審判　球審＝宇都宮　塁審＝工藤、高橋、下川原
▽試合時間　2時間29分

花巻球場（花巻市）

チーム	スコア	計
一関二	000016002	9
盛岡誠桜	002000000	2

（一）三浦―小岩
（盛）高橋、山口、昆―川倉

【一関二】		打安点
⑧	佐藤駿	410
⑤	千田	411
⑦	勝部	500
7	滝上	000
③	吉田	510
②	小岩	420
①	三浦	520
⑥	佐藤真	521
⑨	阿部	200
H	菅原錬	000
R9	山田	212
④	真籠	420
振球犠盗失併残	154261110	40124

【盛岡誠桜】		打安点
⑧	田中	520
①3	高橋	301
⑨	成ケ沢	400
⑦	平船	420
7	倉野	000
⑤	藤本	310
③	関谷	310
1	山口	000
1	昆	000
H	川村	100
②	川倉	310
H	平沢	000
R	相野	000
⑥	佐々木	210
④	黒須	100
振球犠盗失併残	1440608	2981

▽二塁打　三浦（一）平船、関谷（盛）
▽審判　球審＝八重樫
　塁審＝小野寺勝、小野寺哲、村上
▽試合時間　2時間24分

チーム	スコア	計
一関学院	000000110	2
花巻東	10100004×	6

（一）小野涼、大瀬―小原翔
（花）葛西、熊谷、中屋敷、阿部―久慈

【一関学院】		打安点
⑥	原田	200
⑦	星野	200
⑨	小野唯	310
⑧	菅野	300
②	小原翔	401
⑤	佐藤駿	410
①	小野涼	300
1	大瀬	000
H	佐藤誠	100
③	村上	321
④	晴山	300
振球犠盗失併残	7622127	2842

【花巻東】		打安点
⑥16	熊谷	520
④	小林	200
③	佐々木麟	331
⑤	千葉	411
⑧	中嶋	411
⑦	藤原	421
②	久慈	321
①	葛西	200
H	広内	110
6	戸刺	000
1	中屋敷	000
1	阿部	100
⑨	寿時	210
9	五嶋	000
H	堀川	100
9	佐々木唯	000
振球犠盗失併残	2232117	32135

▽二塁打　村上（一）熊谷、藤原、佐々木麟（花）
▽審判　球審＝小谷地　塁審＝佐藤、藤沢、吉田
▽試合時間　2時間17分

チーム	スコア	計
水沢	000001100	2
盛岡大付	10020100×	4

（水）小野寺、藤沢―松本
（盛）竹ケ原、小林優、橋本―小林陸

【水沢】		打安点
⑧3	佐々木汰	420
⑥	高橋	420
③1	藤沢	411
⑤	佐々木洸	310
⑦	浦川	421
④	菊地	300
⑨	千葉陽	400
②	松本	300
①	小野寺	100
H8	鈴木碧	310
振球犠盗失併残	104111109	3392

【盛岡大付】		打安点
⑤	末広	420
⑦47	粕谷	400
②	小林陸	210
③	中田	210
R9	桜庭	100
⑨373	玉沢	410
⑧	石井	312
④	上野	201
1	橋本	100
⑥	伊藤	200
①	竹ケ原	100
H	小島	100
1	小林優	000
73	須藤	100
4	谷	000
振球犠盗失併残	8423226	2863

▽二塁打　佐々木汰、高橋（水）
▽審判　球審＝三浦大　塁審＝菅原、三浦聡、加藤
▽試合時間　1時間50分

一関学院―花巻東　8回裏花巻東無死二、三塁、中嶋禅京が中前適時打を放ち、3―2と勝ち越す。捕手小原翔吾＝9月21日、県営球場

花巻南―専大北上　11回裏専大北上1死満塁、小保内壮太の左前打でサヨナラ勝ちし、喜びを爆発させる専大北上の選手たち＝9月21日、県営球場

一関二　鮮やか逆転　63年ぶりベスト

勝利の鍵は磨いてきた走塁だった。一関二は1点を追う六回に同点に追いつき、続く無死一、三塁の場面。一走佐藤真之将（2年）が意図的に一、二塁間で挟まれた。挟殺プレーの間に三走三浦大人（2年）は本塁突入のタイミングを計り、一気にスタート。ヘッドスライディングで勝ち越しのホームに滑り込んだ。

5―2と点差を広げた2死二、三塁。二走千田心夢（1年）は大きなリードで相手のけん制を誘った。狙い通りに捕手が二塁に投げると、三走佐藤駿太（2年）が判断良く本塁へスタート。けん制が悪送球となる間に二走の千田も生還し、試合を決定づける2点を追加した。練習を重ねてきた二つのプレーが見事に決まり、千田は「公式戦で初めて決まった。とてもうれしかった」と満面の笑みを浮かべた。

盛岡誠桜は、今大会2試合完投の高橋脩（2年）が130㌔超の直球で押しまくり、五回までに11奪三振。三回に先制し主導権を握っていたが、相手の走塁に守備を崩された。

一関二―盛岡誠桜　6回表一関二無死一、三塁、三走三浦大人が重盗でホームに滑り込み、3―2と逆転。捕手川倉大州＝9月21日、花巻球場

水沢―盛岡大付　6回裏盛岡大付無死一、三塁、石井稜久がスクイズを決めて4―1とリードを広げる＝9月21日、花巻球場

盛岡大付

小技生かし着実に加点

この日の6安打に長打はない。盛岡大付は小技を絡め効率よく加点した。3―1の六回無死一、三塁。四回に適時打を放った石井稜久（2年）が打席に入る。関口清治監督は「相手の左投手はくせのある球で、はまりやすい。点差も少なく流れを渡したくない」とセーフティースクイズを選択。期待に応え、石井が三塁線に決め切った。

関口監督は「足の速い選手が多く、いろんな戦術ができる」とチームを評価。強打だけに頼らず「勝つための野球」に徹し、手堅く4強入りした。

花巻東

夏大会覇者に打ち勝つ

花巻東は終盤の集中打で、食い下がる夏覇者の一関学院を突き放した。

同点に追いつかれた直後の八回。無死二、三塁から中嶋禅京（2年）の中前打で勝ち越した。さらに藤原凜人（1年）が右前に、久慈颯大（2年）が左前に適時打を放ち、一気に畳み掛ける。その後も暴投の間に1点を追加し、試合を決めた。

先発した左腕葛西陸（1年）は7回を4安打1失点。最後は4番手の阿部颯太（2年）が140㌔に迫る直球で圧倒した。

専大北上

耐えて十一回、待望1点

0―0の十一回、専大北上1死満塁の好機。ファウルで粘った後の7球目だった。7番小保内壮太（2年）が、甘く入った直球を振り抜く。左前へはじき返し、サヨナラ勝ちを決めた。

小保内は全体練習後、自主的に打撃練習を積み重ねてきた。「絶対あの場面で打ってくれる」と及川将史監督も信頼を寄せる。日頃の努力が実った瞬間だった。

花巻南は左腕佐々木清尊（2年）が126球を投げ抜いたが、打線が援護できず悔しい敗戦となった。

2022秋 県大会
2回戦

一関二が2011年以来、盛岡誠桜は秋の県大会初のベスト８に駒を進めた。北奥地区第１代表の水沢は盛岡中央に競り勝ち、５年ぶりの準々決勝進出を決めた。

盛岡中央―水沢　６回裏水沢２死一、二塁から３―１とする右前打を放った代打鈴木碧。塁上でベンチに向かってガッツポーズ＝９月19日、県営球場

水沢が六回に一丸逆転

水沢は、夏準優勝の盛岡中央を中盤に逆転。見事な「全員攻撃」で２回戦を突破した。

０―１の六回。四死球をきっかけに７番千葉陽都（２年）の左前打で同点とすると、続く松本貫太主将（２年）のスクイズ（記録は安打）で逆転。さらに２死一、二塁で代打鈴木碧（１年）が右前打を放つなど、この回に４得点。相手の隙を逃さず好機をものにした。

9月18日

県営球場（盛岡市）

福　　岡	200000002	4
専大北上	20012100×	6

（福）平、立崎―片野
（専）高橋、杉山優風、板垣―中島
▽二塁打　平、高田、村川（福）千田、山上（専）

盛岡誠桜	021000210	6
宮　　古	000001200	3

（盛）高橋―川倉
（宮）折祖―箱石
▽三塁打　田中（盛）

花巻球場（花巻市）

花 巻 南	20000043	9
水 沢 工	00200000	2

（八回コールド）
（花）佐々木清、平畑―平賀
（水）森岡―斉藤
▽三塁打　鈴木（花）
▽二塁打　平畑、阿部（花）鈴木曌（水）

水 沢 商	100100010	3
一 関 二	2000101×	4

（水）菊地―千葉琉
（一）三浦―小岩

9月19日

県営球場（盛岡市）

花 巻 東	14431	13
宮古商工	00000	0

（五回コールド）
（花）佐藤、中屋敷、工藤、阿部―久慈、堀川
（宮）古舘、福士、下山、中谷―大久保、貫洞
▽二塁打　久慈、佐藤（花）

盛岡中央	000010020	3
水　　沢	00000400×	4

（盛）中清水、千田、宮野、北田、伊藤―小笠原
（水）小野寺、藤沢―松本
▽二塁打　立花、小笠原２、佐々木優、小山（盛）

花巻球場（花巻市）

久 慈 東	000000100	1
一関学院	00300200×	5

（久）玉沢、小向星―中崎
（一）高橋、大瀬―小原翔
▽二塁打　晴山、原田２、菅野、小原翔（一）

盛岡大付	200000000	2
盛 岡 四	000000000	0

（付）竹ケ原、小林優、橋本―小林陸
（四）桜田―鳥谷部

2022秋 県大会
1回戦

２日間で計８試合実施。盛岡誠桜と、2020年春に学校統合した宮古商工が秋の県大会初勝利を挙げた。22年岩手大会準優勝の盛岡中央が同４強の盛岡一との接戦を制した。

盛岡商―盛岡誠桜　１失点完投で勝利に貢献した高橋脩。打撃でも４安打を放ち、チームをけん引した＝９月16日、花巻球場

盛岡誠桜が秋初勝利

盛岡誠桜は、地区予選で無安打無得点試合を達成した高橋脩（２年）が１失点完投。４安打３打点と打撃でも活躍し、秋の県大会初勝利に導いた。

右横手で投じる130キロ台の直球と、スライダーのコンビネーションが持ち味。毎回走者を背負う展開だったが「手を耳の近くに持ってくる」感覚を意識し、試合の中で制球を修正。好摩スポ少（盛岡）時代からバッテリーを組む捕手の川倉大州（２年）の好リードで138球を投げ抜いた。

9月16日

県営球場（盛岡市）

花 巻 南	001000002	3
花 巻 北	000100100	2

（南）平畑、佐々木清―平賀
（北）中島、小原慶―宮野
▽二塁打　林崎、佐々木瀧、吉田（南）小原諒、宮野、根子（北）

水 沢 商	100000311	6
盛 岡 三	010010201	5

（水）菊地―千葉琉、及川
（盛）要永、杉沢、駒井―田村
▽二塁打　鈴木（盛）

花巻球場（花巻市）

盛 岡 南	10000	1
専大北上	56143×	28

（五回コールド）
（盛）小島、日野沢、久保、小島、角舘―村松
（専）高橋、杉山優風、杉山優空―中島、松下
▽本塁打　伊藤（専）
▽二塁打　朽木（盛）千田２、川崎、小保内（専）

盛 岡 商	000100000	1
盛岡誠桜	00200022×	6

（商）大塚晋、菅原―竹村
（誠）高橋―川倉
▽三塁打　田中（誠）
▽二塁打　高橋２（誠）

9月17日

県営球場（盛岡市）

一 関 一	0001001	2
一関学院	001215×	9

（七回コールド）
（一）小野寺健、菅原、古舘―岩渕隼
（学）寺尾、二本松―小原翔
▽本塁打　菅野（学）
▽三塁打　後藤（一）菅野、小原翔（学）
▽二塁打　星野（学）

花　　泉	0001000	1
盛 岡 四	4000112x	8

（七回コールド）
（花）佐藤蕾、佐藤夢、高橋―山畑
（盛）佐藤諒、桜田―鳥谷部
▽三塁打　室野、村松（盛）
▽二塁打　佐藤巧、佐藤蕾（花）佐々木慎、村松（盛）

花巻球場（花巻市）

釜　　石	102000010	4
宮古商工	2000021×	5

（釜）阿部煌―千葉　（宮）菊池、田代―大久保
▽二塁打　鳥居、田代、永洞（宮）

盛岡中央	201010013	8
盛 岡 一	300000004	7

（中）佐々木凌、宮野、千田―小笠原
（一）松山、大高、菊池―千葉
▽三塁打　立花（中）
▽二塁打　小笠原、大坊２、立花（中）千葉、金野、本宮（一）

2022秋　地区予選　8.27～9.6

盛岡地区 ｜ 県営球場（盛岡市）、八幡平市総合運動公園球場（八幡平市）　出場 16　代表 8

▽1回戦

江南義塾盛岡　000000000｜0
盛　岡　四　10001202×｜6
（江）昆、藤村―作山
（盛）真下、佐藤―鳥谷部
[三]村松（盛）
[二]佐々木（盛）

盛岡誠桜　000101101｜4
岩　　手　000000100｜1
（盛）山口、高橋―川倉
（岩）広田―斎藤
[二]山口、高橋（盛）

盛岡一　000000000｜0
盛岡三　00010210×｜4
（一）松山、三浦、大高―千葉
（三）要永―田村
[二]金野（一）要永、阿部2（三）

平　　舘　100001000｜2
盛岡中央　00030000×｜3
（平）滝川、工藤唯、小林―高橋
（盛）宮野、千田―小笠原

盛　岡　工　100100000｜2
盛岡大付　22300001×｜8
（工）天瀬、舘山―石倉
（付）竹ケ原、岩井、小林優―坂田、小林陸
[二]佐藤、大志田（工）粕谷、橋本（付）

盛岡市立　000131000｜5
盛　岡　商　100000023x｜6
（市）若狭―藤村
（商）大塚、菅原、吉田―竹村
[二]若狭（市）大塚2（商）

盛岡農　200000011｜4
盛岡南　11400001×｜7
（農）伊藤、釜石充―大上
（南）小島、日野沢―村松
[二]千葉（農）角舘（南）

※盛岡北の棄権により不来方・紫波連合（不来方・紫波総合）が不戦勝で代表決定戦へ

▽代表決定戦

盛岡誠桜　000301003｜7
盛　岡　四　000000000｜0
（誠）高橋―川倉
（四）桜田、佐藤―鳥谷部
[本]田中（誠）
[三]田中（誠）
[二]倉野、高橋、関谷（誠）
（盛岡誠桜は2年連続2度目）
※盛岡誠桜の高橋が無安打無得点（115球、12三振、3四死球）

不来方・紫波連合（不来方・紫波総合）
101000011｜4
02122000×｜7
盛岡南
（不）大泉、菅原、大泉、菅原―浦田
（盛）小島、日野沢、小島―村松
[二]菅原、雲足（不）下田、小島、村松（盛）
（盛岡南は19年ぶり2度目）

盛岡大付　002011000｜4
盛　岡　商　000000100｜1
（付）竹ケ原、小林優―小林陸、坂田
（商）菅原、吉田―竹村
[三]粕谷（付）
[二]粕谷、小林優（付）佐藤2（商）
（盛岡大付は21年連続29度目）

盛　岡　三　020000000｜2
盛岡中央　100000000｜1
（三）駒井、要永―田村
（中）中清水、伊藤、花坂、宮野―小笠原
[二]松田（三）
（盛岡三は13年連続25度目）

▽準決勝

盛岡誠桜　63230｜14
盛　岡　南　00000｜0
（五回コールド）
（誠）高橋、昆、田中―川倉
（南）角舘、日野沢、久保―村松
[三]佐々木、高橋（誠）
[二]平船、田中（誠）

盛岡大付　1020015｜9
盛　岡　三　0001000｜1
（七回コールド）
（付）坂本、竹ケ原、小林、橋本―小林、坂田
（三）杉沢、平子、要永―田村
[本]玉川（三）
[三]桜庭（付）
[二]末広（付）

▽第1、2代表決定戦

盛岡誠桜　0001000｜1
盛岡大付　032202×｜9
（七回コールド）
（誠）山口、昆、山田、小野寺―川倉
（付）竹ケ原、坂本、岩井、橋本―小林、坂田
[二]板垣、粕谷、玉沢、諏訪（付）

▽敗者復活1回戦

江南義塾盛岡　00000｜0
盛　岡　一　10440×｜18
（五回コールド）
（江）昆、藤村、田沢、昆―作山
（盛）大高、高橋、菊池―千葉
[本]畠山瑞（盛）
[三]千葉、畠山瑞、安斎（盛）
[二]高橋2、金野、太田、本宮（盛）

岩手　200100010｜4
平舘　00000500×｜5
（岩）広田―斎藤
（平）大和、小林、滝川―高橋
[二]北條、釜崎（岩）高橋（平）

盛岡市立　250316｜17
盛　岡　農　000120｜3
（六回コールド）
（市）田上、田村―藤村
（農）大志田、釜石充、大上―大上、水原
[三]大山（市）[二]天瀬（市）

▽敗者復活2回戦

盛岡一　0122200｜7
平　　舘　0000000｜0
（七回コールド）
（盛）松山、大高―千葉
（平）滝川、小林、大和―高橋、畠山
[二]畠山瑞（盛）滝川（平）

盛岡市立　2023110｜9
盛　岡　工　0000000｜0
（七回コールド）
（市）田村、若狭―藤村
（工）天瀬、舘山―石倉
[二]藤村、西村（市）大志田（工）

▽敗者復活代表決定戦

不来方・紫波連合（不来方・紫波総合）
00000｜0
盛岡中央　7235×｜17
（五回コールド）
（不）千田、菅原、大泉―浦田
（盛）千田、伊藤、宮野―小笠原、川村
[二]磯野、大坊、佐々木優、千田、小山、千葉（盛）
（盛岡中央は8年連続24度目）

盛岡四　200000110｜4
盛岡商　000100000｜1
（四）桜田―鳥谷部
（商）大塚、菅原―竹村
[三]村松（四）
[二]杉田、室野、桜田（四）
（盛岡四は3年連続27度目）

盛岡一　26110｜10
00000｜0
不来方・紫波連合（不来方・紫波総合）
（五回コールド）
（盛）大高―千葉
（不）大泉、菅原―浦田
[三]太田（盛）
[二]安斎、高橋（盛）
（盛岡一は2年ぶり29度目）

盛岡市立　002001000｜3
盛　岡　商　21002000×｜5
（市）若狭―藤村
（商）大塚―竹村
[二]藤村（市）大塚、立花（商）
（盛岡商は2年ぶり33度目）

花巻地区 | 花巻球場、大迫球場（いずれも花巻市） 出場 7 代表 3

▽1回戦
遠　野　100000 | 1
花巻東　223202x | 11
（六回コールド）
（遠）菊池海、太田、末崎―佐々木裕
（花）佐藤、藤原、葛西―堀川、小林
本 中嶋（花）
三 北條（花）
二 熊谷、千葉（花）

花北青雲　71113 | 13
遠野緑峰　00000 | 0
（五回コールド）
（花）佐藤―高橋大
（遠）似田貝―太田代
本 佐藤（花）
二 小田島（花）

花巻農　00002 | 2
花巻北　01182x | 12
（五回コールド）
（農）及川、小原、菅原―照井、関口
（北）中島、小原―宮野
三 宮野（北）
二 伊藤（農）高橋愛、高橋皓（北）

▽代表決定戦
花巻南　000001010 | 2
花巻北　00211211× | 8
（南）佐々木清、平畑―平賀
（北）中島、小原慶―宮野
三 林崎（南）
二 阿部（南）宮野、川原、照井、高橋愛（北）
（花巻北は3年連続31度目）

花 巻 東　32114 | 11
花北青雲　00000 | 0
（五回コールド）
（東）熊谷、佐藤、葛西―堀川、佐々木
（青）佐藤、小田島―高橋大
二 北條2、広内2、千葉、中嶋2、菅原（東）
（花巻東は18年連続40度目）

▽第1、2代表決定戦
花巻北　0000100 | 1
花巻東　205100× | 8
（七回コールド）
（北）小原慶、根子―宮野
（東）阿部、佐々木唯、葛西、北條―佐々木麟、堀川
二 中嶋、千葉（東）

▽敗者復活1回戦
遠　　野　023210016 | 24
遠野緑峰　20010000 | 3
（八回コールド）
（遠）菊池海、末崎、太田―佐々木裕
（緑）似田貝、菊池大―太田代
三 菊池流、藤川（遠）
二 伊藤、佐々木脩、菊池流、菊池駿、畑山、山口晴、藤川（遠）

▽敗者復活2回戦
花北青雲　72141 | 15
花 巻 農　10001 | 2
（五回コールド）
（青）瀬川、小田島―高橋大
（農）及川、菅原、小原―照井
三 佐藤、武田（青）
二 高橋暖、佐藤2、藤原（青）

花巻南　0000215 | 8
遠　野　1000000 | 1
（七回コールド）
（花）佐々木清―平賀
（遠）菊池海、太田―佐々木裕
本 藤川（遠）
三 平賀（花）
二 平賀（花）藤川、山口（遠）

▽敗者復活代表決定戦
花北青雲　000000000 | 0
花 巻 南　10010000× | 2
（青）佐藤―高橋大
（南）平畑―平賀
（花巻南は2年連続17度目）

北奥地区 | しんきん森山スタジアム（金ケ崎町） 出場 8 代表 4

▽1回戦
水沢　0002000320003 | 10
　　　0300100210002 | 9
黒沢尻北
（延長十三回タイブレーク）
（水）小野寺、藤沢―松本
（黒）城守、佐々木、加瀬谷―高橋優
本 菊地（水）
三 佐々木洸（水）
二 松岡2、高橋優（黒）

水沢一　000110100 | 3
水沢商　20100120× | 6
（一）鈴木―織田
（商）菊地―及川
三 高橋大（一）
二 鈴木（一）五嶋、菊地（商）

専大北上　3010220 | 8
　　　　　0000000 | 0
北奥連合（西和賀・北上翔南・金ケ崎・岩谷堂・前沢・水沢農）
（七回コールド）
（専）板垣、高橋、杉山―近藤
（北）高下、中里、高橋―小田島
本 近藤（専）
二 小保内、千田、山上（専）藤原（北）

黒沢尻工　000000000 | 0
水 沢 工　00000010× | 1
（黒）佐藤柊、佐藤大―山田
（水）蔦、室岡―及川、斉藤
二 佐藤（水）

▽代表決定戦
水沢商　100000000 | 1
水　沢　00100101× | 3
（商）菊地、千葉孔、菊地―及川
（水）小野寺―松本
二 沼倉（商）佐々木汰、高橋（水）
（水沢は6年連続36度目）

専大北上　000011000 | 2
水 沢 工　00011200× | 4
（専）板垣、高橋―近藤
（水）森岡―斉藤
三 鈴木塁（水）
二 板垣（専）森岡、稲葉2、菊池（水）
（水沢工は4年連続20度目）

▽第1、2代表決定戦
水沢工　000100000 | 1
水　沢　11012000× | 5
（工）蔦、室岡―及川
（水）沢田、藤沢―松本
三 千葉陽（水）
二 佐藤琉（工）高橋（水）

▽敗者復活1回戦
水 沢 一　0000010 | 1
黒沢尻北　130400× | 8
（七回コールド）
（水）鈴木、佐藤―織田
（黒）加瀬谷―高橋優
本 松岡（黒）

北奥連合（西和賀・北上翔南・金ケ崎・岩谷堂・前沢・水沢農）
　　　　200010100 | 4
黒沢尻工　000000002 | 2
（北）高下―小田島
（黒）佐藤柊、佐藤大―山田
二 及川、後藤（北）早川（黒）

▽敗者復活代表決定戦
黒沢尻北　010000000 | 1
専大北上　01200000× | 3
（黒）城守、加瀬谷―高橋優
（専）近藤―中島
二 山上、小保内（専）
（専大北上は21年連続39度目）

水沢商　012002010 | 6
　　　　001000000 | 1
北奥連合（西和賀・北上翔南・金ケ崎・岩谷堂・前沢・水沢農）
（水）菊地―千葉琉
（北）高下―小田島
二 及川2（水）小田島（北）
（水沢商は3年連続9度目）

一関地区 | 一関運動公園球場（一関市）
出場 9 代表 4

▽1回戦
大東　000000000｜0
花泉　00011001×｜3
（大）千葉、伊藤ー小島
（花）佐藤ー山畑
二 高橋（花）

▽2回戦
一関工　000000000｜0
一関二　00000020×｜2
（工）立石ー佐藤俊
（二）三浦ー小岩
二 佐藤真、真籠（二）

千　厩　200000010｜3
一関学院　10120021×｜7
（千）佐々木、佐藤、小野寺ー菅原
（一）寺尾、畠山、大瀬ー小原
三 佐野（千）
二 原田2、佐藤（一）

花　泉　100010020｜4
一関高専　300000000｜3
（花）佐藤夢、加藤、佐藤蕾ー山畑
（一）小椋、菊地ー松田
二 菊地（一）

一関修紅　00000000｜0
一　関　一　00003031x｜7
（八回コールド）
（修）小西、菊地ー君成田
（一）小野寺健、菅原ー岩渕
三 中川、岩渕（一）
二 岩渕、永沢（一）

▽代表決定戦
花　泉　000000101｜2
一関二　03001020×｜6
（花）佐藤蕾、加藤、高橋、加藤ー山畑
（一）三浦ー小岩
（一関二は3年ぶり16度目）

一　関　一　300000004｜7
一関学院　000000002｜2
（一）古舘ー岩渕
（学）高沢、高橋ー小原
二 佐々木、熊谷、古舘（一）
（一関一は3年連続45度目）

▽第1、2代表決定戦
一関一　04000000300｜7
一関二　10005001001x｜8
（延長十一回）
（一）古舘、菅原、古舘、小野寺健、古舘ー岩渕
（二）佐藤駿、吉田、三浦ー小岩
二 中川、古舘（一）千田（二）

▽敗者復活1回戦
大東　0000000｜0
千厩　0100204x｜7
（七回コールド）
（大）千葉、伊藤ー小島
（千）佐々木ー菅原
三 佐野（千）
二 佐野、小野寺（千）

▽敗者復活2回戦
一関修紅　100200000｜3
千　厩　00010120×｜4
（一）小西、菊地、佐々木、菊地ー君成田
（千）佐々木ー菅原
二 君成田（一）佐藤2（千）

一　関　工　0011000110｜13
一関高専　030220000｜7
（工）阿部、立石ー佐藤俊
（高）小椋、菊地ー田中尋
二 小林2、小原（工）藤田（高）

▽敗者復活代表決定戦
花泉　001302205｜13
千厩　000200000｜2
（花）佐藤蕾ー山畑
（千）佐々木ー菅原
二 千葉暖、高橋、山畑（花）
（花泉は3年ぶり10度目）

一　関　工　0000000｜0
一関学院　503000×｜8
（七回コールド）
（工）佐々木、佐藤湊、立石ー佐藤俊
（学）小野涼ー小原
（一関学院は19年連続39度目）

沿岸地区 | 平田公園野球場（釜石市）
出場 7 代表 3

▽1回戦
三陸連合（釜石商工・大槌・岩泉・山田）
20000000000｜2
宮古商工　00001100001x｜3
（延長十一回）
（三）鳥居、芳賀ー佐々木
（宮）下山、菊池ー大久保
二 瀬川、菊池（宮）

高田　010000000｜1
宮古　00001100×｜2
（高）菅野、伊藤ー横沢
（宮）赤間、折祖ー箱石
二 箱石2（宮）

釜　石　100020000｜3
大船渡　000100000｜1
（釜）阿部煌ー千葉
（大）佐々木怜、山本ー志田
二 千葉（釜）

▽代表決定戦
宮　古　商　工　100040201｜8
大船渡東・住田　013000000｜4
（宮）下山、福士、菊池、古舘ー大久保、瀬川
（大）今川、佐々木、斉藤ー上野碧
二 田代2、中谷、古舘（宮）
（宮古商工は2年連続2度目）

釜石　000000100｜1
宮古　02020010×｜5
（釜）阿部ー千葉
（宮）折祖ー箱石
二 田代（宮）
（宮古は2年ぶり40度目）

▽第1、2代表決定戦
宮古商工　0000000310｜4
宮　　古　0003100001x｜5
（延長十回）
（商）菊池、田代ー大久保
（宮）赤間、金沢、折祖ー中里、箱石
二 古舘2（商）中村、伊藤（宮）

▽敗者復活1回戦
高　田　3101004｜9
大船渡　0001000｜1
（七回コールド）
（高）菅野、伊藤ー横沢
（大）山本、熊谷、佐々木ー志田
三 上野2（大）
二 大和田2、菅野、戸刺（高）三条（大）

▽敗者復活2回戦
釜石　0053012｜11
　　　2000100｜3
三陸連合（釜石商工・大槌・岩泉・山田）
（七回コールド）
（釜）阿部幹ー千葉
（三）鳥居、小笠原ー佐々木
三 阿部幹（釜）
二 唯野、小林、阿部幹（釜）寺崎（三）

大船渡東・住田　300000000｜3
高　　田　21100010×｜5
（大）佐々木、菊地、斉藤ー上野碧
（高）菅野、伊藤ー横沢
本 菅野（高）
二 上野碧、斉藤（大）近江（高）

▽敗者復活代表決定戦
釜石　000000100｜1
高田　000000000｜0
（釜）阿部煌ー千葉
（高）菅野、伊藤ー横沢
二 小沢（釜）菅野（高）
（釜石は2年連続7度目）

県北地区 | ライジングサンスタジアム（野田村）
出場 5 代表 2

▽1回戦
久慈東　000000000｜0
久　慈　01020300×｜6
（東）玉沢、小向ー中崎
（久）下曽根ー米田
二 三上（東）

▽2回戦
福岡工　100020100｜4
　　　　002000000｜2
県北連合（一戸・大野・軽米・久慈工）
（福）平泉、工藤ー古舘琥
（県）細越、田代ー古舘
二 米田（福）

久慈　000000000｜0
福岡　00011000×｜2
（久）泉川、下曽根ー米田
（福）立崎、平ー片野
二 泉川（久）田村（福）

▽決勝（代表決定戦）
福　岡　110001005｜8
福岡工　010000000｜1
（福）平、向川原ー片野
（工）工藤、古舘渓ー古舘琥
三 斉藤（福）
二 平泉（福）工藤（工）
（福岡は19年連続52度目）

▽敗者復活1回戦
久慈東　000102000｜3
　　　　000000000｜0
県北連合（一戸・大野・軽米・久慈工）
（久）玉沢、舘石、小向ー中崎
（県）田代ー古舘
本 玉沢（久）　二 黒坂2（久）

▽敗者復活2回戦
久慈東　100000402｜7
久　慈　000000000｜0
（東）玉沢、舘石ー中崎
（久）下曽根、泉川ー米田
二 玉沢2（東）

▽敗者復活代表決定戦
久慈東　00010031002｜7
福岡工　00023000001｜6
（延長十一回）
（久）舘石、小向ー中崎
（福）山下、平泉、工藤ー古舘琥
三 三上（久）小笠原、古舘琥（福）
二 山下（福）
（久慈東は3年連続12度目）

グラウンドで躍動する選手たちにエールを送り続けた花巻東の応援団。女子硬式野球部の選手も、ユニホーム姿で声をからした＝８月８日、兵庫県西宮市・甲子園球場

真夏の聖地に戻る大歓声

真夏の甲子園球場が、4年ぶりに応援歌や歓声で沸いた。新型コロナウイルスの感染症法上の分類が5類に移行後初となった全国高校野球選手権大会。今春の選抜大会に続き観客数の上限は設けず、マスクなしの「声出し応援」が復活した。

「花巻東、よくやった」。8月8日の1回戦で花巻東は4―1で宇部鴻城（山口）に快勝。一塁側アルプス席に陣取った約４００人の応援団が、8年ぶりの夏1勝をつかんだ選手を大歓声でたたえた。

四回に花巻東が先制すると、盛り上がりは最高潮。うだるような暑さの中、「よっしゃー」「いけるぞ」と紫と黄色のメガホンが揺れた。野球部の谷空澄選手（3年）は「3年間一緒に頑張ってきた仲間の活躍はうれしい」と喜んだ。

新たな攻撃野球に取り組んだチームと同様、スタンドでは新たな「応援スタイル」も登場。従来の野球部員らの野太い声に加え、今春発足したばかりのダンス部が参加。部員約20人がチアリーダーを務め、甲子園の大舞台で新たな一歩を刻んだ。女子硬式野球部の選手たちもユニホーム姿で熱心に声援を送った。

昨年は規模を縮小し主将だけが行進していた開会式も、今大会は49代表校の選手がグラウンドを1周する従来の形に。球児憧れの「夏の聖地」らしい風景が帰ってきた。